本书由国家社科基金一般项目
"新型城镇化背景下地方政府公信力提升的路径研究"（项目编号：13BZZ042) 资助出版

新型城镇化背景下
地方政府公信力提升的路径研究

RESEARCH ON THE WAYS TO ENHANCE THE CREDIBILITY OF
LOCAL GOVERNMENTS IN THE CONTEXT OF NEW URBANIZATION

沈海军　著

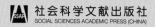

社会科学文献出版社
SOCIAL SCIENCES ACADEMIC PRESS (CHINA)

目　录

第一章
绪　论

第一节　研究背景

改革开放以来，尤其是中国特色社会主义进入新时代以来，随着我国经济社会的快速发展、人民生活水平的迅速提升和各级政府社会管理与公共服务水平的不断提高，我国政府公信力也在不断提高。美国公关公司爱德曼（Edelman）发布的 2018 年度和 2019 年度全球信任度调查报告显示，中国民众对政府的信任度分别达到 84% 和 86%，中国民众对政府、企业、媒体和非政府组织的信任度在 27 个被调查的国家和地区之中是最高的。[①] 中国政府有良好的公信力与近年来党中央、国务院一直非常重视政府公信力建设和社会信用体系建设分不开。早在 2006 年，时任国务院总理温家宝就在《政府工作报告》中提出："建立健全行政问责制，提高政府执行力和公信力。"[②] 这是第一次将政府公信力写入《政府工作报告》，此后提高政府公信力就成为我国深化机构和行政体制改革的重要目标之一。党的十七大报告、十八大报告都强调要通过完善各类公开办事制度、创新行政管理方式提高政府公信力和执行力。2017 年 10 月，习近平总书记在十九大报告中再一次明确政府改革的重要目标："转变政府职能，深化简政放权，创新监管方式，增强政府公信力和执行力，建设人民满意的服

---

① 《全球民调：中国政府信任度位居首位》，《环球时报》2019 年 1 月 23 日，第 3 版。
② 《2006 年国务院政府工作报告》，中华人民共和国中央人民政府网，2006 年 3 月 16 日，http：//www.gov.cn/test/2009-03/16/content_ 1260216_ 4. htm。

务型政府。"① 正是由于党中央、国务院高度重视政府公信力问题，并出台了一系列重大的政府改革政策，采取了切实有效的措施提高政府公信力，才有了中国民众对政府的信任度逐年攀升的可喜局面。近两年出版的社会心态蓝皮书系列《中国社会心态研究报告》也表明，党的十八大以来，中央采取的正风肃纪、强力反腐、提高政府公信力的改革举措取得了显著效果。民众对中央政府的信任度始终稳定保持在高位，对地方政府的信任程度也有了提高。但相对于中央政府的公信力和民众的期待而言，地方政府的公信力仍有待提高。地方政府是地方事务的管理者和中央路线、方针、政策的贯彻落实者，在国家和地方事务中承担着十分重要的职责，发挥着十分重要的作用，其公信力的高低不仅直接影响地方政府自身的形象，而且影响整个政府在民众心目中的形象和合法性；不仅影响整个社会信用体系的构建和完善，而且直接关系到地方经济社会的发展和基层民众的幸福感、获得感。因此，必须重视和加强地方政府公信力建设。这不仅是加强党的全面领导、实现党长期执政的必然要求，也是实现"两个一百年"奋斗目标的应有之义。

当前政府主导推进的新型城镇化建设是中国"五千年未有之大变局"，给地方政府公信力建设带来了前所未有的机遇和挑战。党的十八大报告明确提出："坚持走中国特色新型工业化、信息化、城镇化、农业现代化道路。"② 之后召开的十八届三中全会和中央城镇化工作会议再次强调了走中国特色、科学发展的新型城镇化道路的重要性。2014 年 3 月，中共中央、国务院印发《国家新型城镇化规划（2014—2020 年）》，明确了新型城镇化的发展路径、主要目标和战略任务。要求地方政府准确把握推进新型城镇化建设的重大意义，全面贯彻落实城镇化规划，积极、稳妥、扎实地推进新型城镇化进程。"新型城镇化与传统城镇化的最大不同，在于新型城镇化是以人为核心的城镇化，注重保护农民利益，与农业现代化相辅相成。新型城

---

① 《习近平：决胜全面建成小康社会　夺取新时代中国特色社会主义伟大胜利——在中国共产党第十九次全国代表大会上的报告》，中华人民共和国中央人民政府网，2017 年 10 月 17 日，http://www.gov.cn/zhuanti/2017-10/27/content_5234876.htm。

② 《中国共产党第十八次全国代表大会文件汇编》，人民出版社，2012，第 19 页。

镇化不是简单的城市人口比例增加和规模扩张，而是强调在产业支撑、人居环境、社会保障、生活方式等方面实现由‘乡’到‘城’的转变，实现城乡统筹和可持续发展，最终实现‘人的无差别发展’。"① 地方政府作为推进新型城镇化建设的重要主体，在其中能否发挥应有的作用不仅直接影响政府公信力，而且直接关系到已经出台的《国家新型城镇化规划（2021—2035年）》提出的推进新型城镇化建设的各项任务能否落到实处。

目前我国土地相关的法律不完善、地方政府（市县一级）过度依赖土地财政。② 这种情况下，地方政府如果不树立以人民为中心的理念，转变政府职能，改善政府治理模式，就很可能在土地流转、征地拆迁、棚户区改造、生态环境保护和基础设施建设等方面实施有损民众合法权益和社会公平的行政行为，损害地方政府的公信力。从最近的媒体报道和公开曝光的典型案例来看，一些地方政府及其官员仍然存在不同程度的失信现象。1. 政府管理缺位：2018 年 7 月曝光的吉林某公司问题疫苗事件就暴露出地方政府和地方市场监管部门的失职失察。③ 2. 新官不理旧账：某市政府与外商签订了污水处理项目的合同，合同中规定了外商投资的"固定回报率"、污水处理量的计算方法、外汇结算的标准等内容。但市政府换届后，新一届市政府就以投资"固定回报率"违反规定为由废止了这份招商引资合同。于是，双方打了官司。④ 3. 政务不公开透明：中国社会科学院发布的《中国政府透明度（2018）》报告称，经过对地方政府的透明度进行全面评估，发现少数政府机关对政务舆情采取消极应付的态度，存在"万金油"现象。⑤

---

① 吴定平：《新华网评：新型城镇化是贪大求快的克星》，中华人民共和国中央人民政府网，2013 年 6 月 30 日，http://www.gov.cn/jrzg/2013-06/30/content_2437510.htm。

② 亢舒：《摆脱土地财政过度依赖需实招硬招》，《经济日报》2021 年 6 月 9 日，第 7 版。

③ 《"2018 年十大消费侵权事件"之一：长春长生疫苗事件受到最严厉处罚》，央视财经网，2019 年 01 月 25 日，https://baijiahao.baidu.com/s? id=1623621319205652818&wfr=spider&for=pc。

④ 杨小军：《新官不理旧账，不应该》，《环球时报》2018 年 1 月 11 日，第 15 版。

⑤ 《〈中国政府透明度（2018）〉：有行政机关作出"将调查"的回应后便再无下文》，新浪网，2018 年 05 月 10 日，https://news.sina.com.cn/o/2018-05-10/doc-ihaichqz8270139.shtml。

4. 形式主义、官僚主义："扶贫领域形式主义、官僚主义作风顽疾犹存，在一些地方和部门还很突出。有的对脱贫攻坚漠不关心、推诿扯皮，甚至拒不履行职责；有的对扶贫资金和项目管理不精细、监管不严格，导致资金滞留或被骗取、项目拖延造成严重损失浪费；有的怕吃苦、图轻松，慵懒懈怠，消极应付甚至弄虚作假。"① 5. 弄虚作假、贪污腐化：山西省某村党支部原书记在协助信义镇政府实施养殖扶贫项目过程中虚报了 144 只羊，骗取扶贫资金 7.2 万元用于个人支出。② 安徽省某村党支部委员兼人民调解员伪造、虚报 "纠纷调解案卷"，套取调解补贴经费。③ 据中央纪委国家监委网站消息，2018 年，全国纪检监察机关共接受信访举报 344 万件次，处置问题线索 166.7 万件，谈话函询 34.1 万件次，立案 63.8 万件，处分 62.1 万人（其中党纪处分 52.6 万人）；处分省部级及以上干部 51 人，厅局级干部 3500 余人，县处级干部 2.6 万人，乡科级干部 9.1 万人，一般干部 11.1 万人，农村、企业等其他人员 39 万人。④ 这些都说明反腐败斗争形势依然复杂严峻，推进政府公信力建设的任务依然艰巨。在推进新型城镇化建设进程中，如何化解基层矛盾、提升地方政府公信力成为执政党迫切需要破解的难题。

近年来，国内一些学者对地方政府公信力问题一直保持高度关注，研究卓有成效，取得了一定成果。但现有的研究成果多半是零星的、不系统的和不全面的。理论上泛泛而谈的居多，少有结合新时代进行实证研究的。本书试图将理论分析与实证研究相结合，深入探讨新型城镇化背景下的地方政府公信力现状，挖掘出影响和制约新型城镇化背景下地方政府公信力变量及其背后的逻辑，这有利于我们有针对性地提出提升新型城镇化背景下地方政府

---

① 王昊魁：《中央纪委公开曝光七起扶贫领域形式主义官僚主义典型案例》，《光明日报》2018 年 8 月 24 日，第 3 版。

② 《解读 2018 反腐败 "成绩单"：工作走上法治化规范化》，光明时政，https://politics.gmw.cn/2019-01/04/content_ 32296688.htm。

③ 《 "骗保" "骗补" 伤了民心，损害了政府公信力》，搜狐网，https://www.sohu.com/a/281941815_ 814741。

④ 《中央纪委国家监委通报 2018 年全国纪检监察机关监督检查、审查调查情况》，中国新闻网，https://baijiahao.baidu.com/s? id=1622137095652942512&wfr=spider&for=pc。

公信力的有效路径，为我国地方政府治理现代化乃至国家治理体系和治理能力现代化做出贡献。

第二节　研究意义

对地方政府公信力的研究具有重大理论意义和实践价值，但学术界将政府公信力理论与实践相结合进行的相关研究还比较薄弱，这与我国正在推进的国家治理体系和治理能力现代化进程不协调。因此，本书从新型城镇化与地方政府公信力相关性的角度出发研究新型城镇化背景下的地方政府公信力问题非常必要。本书首先试图探讨地方政府公信力的理论基础，然后在理论的指导下实证分析新型城镇化背景下的地方政府公信力的现状和特点，考察新型城镇化背景下的地方政府公信力的主要影响因素，寻找新型城镇化背景下提升我国地方政府公信力的有效路径。虽然本书只是初步尝试，但希望通过对新型城镇化背景下的地方政府公信力问题的研究，努力在理论上进一步推动我国地方政府公信力研究的深入，在实践上促进地方政府公务员信用水平的提升和加强地方政府公信力建设。本研究的理论意义和实践价值具体如下。

在理论上，既可以为研究地方政府公信力问题提供新的理论视角和实证分析的理论框架，又可以为分析政府的道德基础和合法性提供理论支持。鉴于国内学术界对地方政府公信力问题的研究较为分散、不系统，并且经常将政府信任、政府信用与政府公信力相混淆的现状，本书尝试对国内外的政府公信力理论进行系统的梳理和分析，从以人民为中心的思想、社会契约理论、公共选择理论和社会资本理论等不同的理论视角探讨地方政府公信力的解释，从理论上分析地方政府公信力与公共品供给、政府信息公开、官员选拔和考核制度、公共政策效果之间的关系，并在实践上探索新型城镇化背景下的地方政府公信力的提升路径；这将为系统地研究政府公信力问题提供一个新的理论视角和分析工具的支持，使以人民为中心的思想、社会资本理论、公共选择理论等一些重要的理论资源成为学术界分析、研究地方政府公信力问题的学术自觉，从而为研究地方政府公信力问题做出有价值的学术努力。从方法论层面而言，本书不仅注重理论研究，而且注重对新型城镇化背景下的地方政府公信力现状进行深入的实证调研，以弥补国内学术界在理论研究与实证研究相结合方面的局限性。国内学者在政府公信力方面的研究已取得了一定成果，如杨畅的《当代中国政府公信力提升研究：基于政府绩效评估战略》①、季燕霞的《政府公信力的生成逻辑：基于当代中国回应型政治运行实践的研究》②、杨军的《网络环境下政府公信力提升研究》③ 以及檀秀侠的《从制度看政府公信力》④，等等。以上这些著作主要从理论或从某一个侧面研究政府公信力问题。总的来说，国内学者关于政府公信力的研究已经取得了丰硕的成果，这些成果对我国地方政府公信力建设的理论和实践都产生了积极影响。然而，由于种种原因，政府公信力研究还存在一定的局限性，如表述用语不规范、理论缺乏系统性、研究视角和方法过于单一化、研究成果的可行性和可操作性存在欠缺等。在研究方法上，现有研究成果多数是较抽象的理论探讨，较少有深入、细致的实证研究，特别是在理论与实证方法的融合方面存在欠缺。正如有的专家指出的："我国学者的研究虽然进展较快，成果突出，但是也存在着不可忽视的弱点，比如，有些观点建立在直觉的基础上，缺乏论证，结论的信度不高。同时，对中国政治社会问题的研究还不够。此外，实证研究显得贫乏，用严格的实证科学方法整理材料还比较欠缺，在基础理论与实证研究之间，研究者还没有形成明显的特色，实证研究需要相当大的投入，需要做深入的调查研究，与大多数学科研究相类似，我国学者在这一方面普遍较欠缺，需要在今后有组织地进行一些大型调查活动以形成对我国政治社会现状的基本判断。"⑤ 鉴于学术界在研

① 杨畅：《当代中国政府公信力提升研究：基于政府绩效评估战略》，中国社会科学出版社，2015。
② 季燕霞：《政府公信力的生成逻辑：基于当代中国回应型政治运行实践的研究》，人民出版社，2015。
③ 杨军：《网络环境下政府公信力提升研究》，中国经济出版社，2016。
④ 檀秀侠：《从制度看政府公信力》，中国社会出版社，2017。
⑤ 王振海、刘京希等：《社会场域中的政治：政治社会学的视角》，河南人民出版社，2005，第294页。

究政府公信力问题上存在不足，本书力图将定性研究和定量研究结合起来，在大量实证调查的基础上，运用多种理论和研究方法分析、研究新型城镇化背景下的地方政府公信力问题，准确地把握新型城镇化背景下地方政府公信力的具体现状，提出有效的政策建议，使最终研究成果能够与现有政府政策对接，便于被政府采纳。

在实践上，新型城镇化对提升地方政府公信力有积极影响，也有消极影响。因为新型城镇化能够促使地方政府改善公共服务，提高政府绩效，给普通民众带来政治、经济上的实惠，有利于提升政府公信力；但同时，新型城镇化也可能使地方政府在农村土地流转、城市棚户区拆迁、农村公共品供给和农村环境污染治理等领域与民众产生新的矛盾冲突，如果处理不当，则可能导致政府公信力受损。因此，研究新型城镇化背景下的地方政府公信力，探索提升地方政府公信力的有效路径，既有助于公务员个人提升自身的道德境界和信用水平，又有助于政府的科学决策，提升政府公信力，从而顺利推进服务型政府的构建和新型城镇化建设。

第三节　国内外研究综述

国外学者对政府公信力问题的研究主要围绕政府信任、政治信任、制度信任展开。第二次世界大战之后，特别是 20 世纪 70 年代以来，西方国家普遍出现政府公信力下降的现象。在美国，"1964 年有 3/4 的美国公众说他们相信联邦政府绝大多数的时候在做正确的事情，而现在只有 1/4 的美国人承认自己持这种观点。对州政府来说，状况仅仅稍好些，持这种观点的人占 35%。也有一些民意测验的结果表明，公众对政府的信任度甚至比这还低。1995 年的一次民意测验显示，公众对联邦政府的信任度为 15%，对州政府的信任度为 23%，对地方政府的信任度为 31%。1997 年同一民意测验显示，公众对联邦、州和地方层次的信任度略有提高，分别为 22%、32% 和 38%，但仍然远远落后于 30 年前的数字。不信任政府的最主要原因是政府低效、浪费和开支不当。"① 实际上,并非只有有美国出现政府公信力下降的问题,加拿大、英国、西班牙、意大利、比利时、荷兰、挪威、瑞典、冰岛等西方国家都出现了相当程度的政府公信力下降的现象。西方国家普遍出现的政府效率低下、信任危机等一系列问题引起了人们对政府公信力的普遍关注,也引发了学者对政府公信力的广泛思考和研究。西方学者开始运用公共选择理论、委托-代理理论、社会资本理论、多中心治理理论等理论从政府行为的范围、政府绩效、公民参与、腐败问题等不同角度分析政府公信力下降的现状和原因,并寻求解决之道。西方学者大多认为,信任无论对政府还是对社会都是非常重要的,因为它不仅关系到政府的权威性和合法性,而且在降低行政成本、提高公共政策的执行效率、促进经济繁荣和社会进步、改善民众福利等方面发挥重要作用。埃里克·M. 乌斯拉纳(Eric M. Uslaner)认为信任非常重要,因为它可能是社会资本最重要的组成部分。科尔曼之后,罗伯特·帕特南(Robert D. Putnam)提出,"社会资本"是指社会组织的特征,比如核心价值观、规范(包括社会信任)和网络,它们可以促进互利的协调和合作。② 福山也认为,社会资本是源自某一社会或某特定社会部分中盛行的信任的一种能力。缺乏信任会让经济发展停滞,许多学者都认为如果没有信任,"交易成本"将高的令人难以想象。③ 哈佛肯尼迪学院的简·曼斯布里奇(Jane Mansbridge)教授认为,少量的信任能使商业、政治和社会生活顺利进行。大的经济和政治组织需要在陌生人之中产生这种少量的信任。如果陌生人能够有特殊信任和更一般信任的可靠资源,那他们之间的交易就是最有效率的。社会和制度会制裁背信行为,个人的良心和道德也能保护这些资源。④福山等人还认为,"与企业一样,民主政治体制的有效运转同样基于信任,社会信任的降低将需要更多的政治干预,

---

① 〔美〕小约瑟夫·S. 奈、菲利普·D. 泽利科、戴维·C. 金:《人们为什么不信任政府》,朱芳芳译,商务印书馆,2015,第5页。
② 〔美〕马克·E. 沃伦:《民主与信任》,吴辉译,华夏出版社,2004,第113页。
③ 〔美〕马克·E. 沃伦:《民主与信任》,吴辉译,华夏出版社,2004,第14页。
④ 〔美〕马克·E. 沃伦:《民主与信任》,吴辉译,华夏出版社,2004,第270页。

以及制定更多法规来规范社会关系。"① 一些学者认为信任是人与人联系和制度之间相互作用的基础。指出，每一个新的政策宣布时都需要信任。信任能提高公共政策被自愿接受的程度，鼓励遵纪守法，从而有助于降低行政成本和政策的顺利实施。当公众对政府的信任程度较高时，公众对政府开支和活动的支持程度也较高。对于政府而言，公众的高度信任使更大的政策创新和冒险成为可能，而低度的信任则会威胁政府的稳定及合法性。②

西方学者也对政府公信力下降的原因进行了深入探讨。简·曼斯布里奇等人认为，经济状况表现低迷以及公民认为政府无力解决现存的财政和金融问题是导致政府公信力下降的重要原因。③ 小约瑟夫·S. 奈（Joseph S. Nye Jr.）则认为导致政府公信力下降的主要原因是政府无效率、浪费公款并把钱花在错误的政策上。④ 帕特南把电视看作使参与度和信任度下降的嫌犯。因为那些经常看电视的人没多少时间参与社会活动，他们也形成了一种扭曲的世界观，电视耗尽了我们原本可以花在社会活动上的时间；电视也使我们不太信任我们的同胞，并因此减少了我们在与同胞一道工作时的积极性。⑤ 佩里德·布兰（Peride K. Blind）认为，连续的政治丑闻、不断蔓延

---

① 〔美〕弗朗西斯·福山：《信任：社会美德与创造经济繁荣》，海南出版社，2001，第 339 页。

② 转引自范柏乃、张鸣：《国内外政府信用研究述评与展望》，《软科学》2011 年第 3 期，第 2 页。

③ Jane Mansbridge, "Social and Cultural Causes of Dissatisfaction with U. S. Government", in J. S. Nye Jr. , P. D. Zelikow, D. C. King (eds.), *Why People Don't Trust Government*, Cambridge：Harvard University Press, 1997, pp. 133-153; Kenneth Newton, Pippa Norris, "Confidence in Public Institutions：Faith, Culture, or Performance", in S. J. Pharr, R. D. Putnam, *Disaffected Democracies：What's Troubling the Trilateral Democracies*, Princeton：Princeton University Press, 2000, pp. 52-73; Citrin J. , Luks S. , *Political Trust Revisited：Déjà Vu All Over Again?*; J. R. Hibbing, E. Theiss-Morse, *What Is It about Government That Americans Dislike?*, New York：Cambridge University Press, 2001, pp. 9-27.

④ Joseph S. Nye, "Introduction：The Decline of Confidence in Government," In J. S. Nye Jr. , P. D. Zelikow and King. D. C. (eds.), *Why People Don't Trust Government Cambridge*, MA：Harvard Univerity Press, 1997, pp. I-18.

⑤ 〔美〕马克·E. 沃伦：《民主与信任》，吴辉译，华夏出版社，2004，第 128 页。

的腐败以及媒体有时对这些问题的过度关注同样使得公众对政府机构和政治领导的信任减少。① 奥兰多·帕特森认为，今天"呈现出一个依靠以前积累的大笔社会资本过活的社会的矛盾景象，社会资本既给了这个社会富有的和充满活力的生活，同时也展示出往往使其成员孤立和分化的极度不信任和自私的个人主义"，"强国家"的兴起及其固有的步入真空的倾向既是信任消失的结果，也是信任下降的一个深层原因。② 而福山将信任及其代表的"社会资本"消失的责任归咎于 20 世纪后半期"自由权利文化"的发展。权利，在福山看来，主要是个人利益向集体规范（group norrn）权威的进攻，结果使国家权力与集体制裁越轨行为的能力相抗衡的问题。③ 马克·E. 沃伦将政府信任下降的原因归纳为 5 个方面：1. 以背离制度规范的程度来衡量，官员们可能正在变得更加不可信任；2. 公民日益老练并且对官员的预期更高；3. 公民正在变得更加愤世嫉俗，官员们的可信性没有随着预期而相应增加；4. 制度规范日益晦涩，或制度规范没有给公民提供能充分理解官员的规范预期框架；5. 有关官员利益和表现的信息日益复杂、缺乏，或难以得到这些信息，所以在缺少信息的情况下，老练的公民将完全放弃信任官员。④

在分析政府公信力下降原因的基础上，西方学者从培养信任文化、实施政务信息公开、增加社会资本、提高政府绩效、加强政府与社会互动等不同角度提出了提升政府公信力的措施。如《改革政府：企业家精神如何改革着公共部门》⑤ 一书针对传统科层制的弊端，提出了以企业家精神改革公营部门，通过提高政府绩效来提升政府公信力；格罗弗·斯塔林（Gover

---

① Peride K. Blind, "Building Trust in Goverment in the Twenty-first Century: Review of Literature and Emerging Issues", 7th Global Forum on Reinventing Government Building Trust in Government, June 2007, Vienna, Amina.

② 〔美〕马克·E. 沃伦：《民主与信任》，吴辉译，华夏出版社，2004，第 298 页。

③ 〔美〕马克·E. 沃伦：《民主与信任》，吴辉译，华夏出版社，2004，第 304 页。

④ 〔美〕马克·E. 沃伦：《民主与信任》，吴辉译，华夏出版社，2004，第 326 页。

⑤ 〔美〕戴维·奥斯本、特德·盖布勒：《改革政府：企业家精神如何改革着公共部门》，周敦仁等译，上海译文出版社，2006。

Starling）在《公共部门管理》^① 一书中主要分析和阐述了公共行政中的道德因素，试图在价值和道德层面讨论政府信任体系的构建问题；罗伯特·帕特南在《使民主运转起来：现代意大利的公民传统》^② 一书中，从社会学的信任角度探讨政府公信力的相关问题，揭示信任作为一种社会资本而存在，并且这种社会资本植根于整个社会政治、经济、文化的背景中，有着深刻的社会制度烙印，关乎政府公信力。他强调需要探索政府公共政策对社会资本形成的影响，加强政府在积累社会资本方面的作用。尼古拉斯·卢曼（Niklas Luhmann）在《信任：一个社会复杂性的简化机制》^③ 一书中把信任分为两个方面：人际信任和制度信任，指出民众对政府的信任属于制度信任的范畴，提升政府公信力应该着重制度建设。佩里·布兰德认为，信任文化就是公民感到他们有一个多多少少是公平的和潜在的机会来对政治决策产生影响。^④ 因此建立良好的信任文化非常重要，它有助于提高政府公信力。亨廷顿在《变化社会中的政治秩序》（2008）一书中，分析了民主制国家实施政府信息公开的重要性，指出政府信息公开透明可以让人民更加了解、信任政府，从而提高政府公信力。值得一提的是，在学术界的影响下，2007 年 6 月 26 日至 29 日联合国在维也纳举行了第七届"全球政府创新论坛"，通过了《提高政府公信力维也纳宣言》（以下简称《宣言》）。《宣言》指出，提高政府公信力如今已成为一个全球关注的问题。若人民看到其政治领导人和政府并不代表自己和自己的利益，其信任度就会降低，公众利益将会受到损害。若公民对国家运作方式及其效能的期望得不到满足，就会产生不和谐，这种不和谐在全球化背景下会更加严重，从而导致不信

---

① 〔美〕格罗弗·斯塔林：《公共部门管理》，陈宪、王红、金相文等译，陈宪校，上海译文出版社，2003。

② 〔英〕罗伯特·帕特南：《使民主运转起来：现代意大利的公民传统》，王列、赖海榕译，江西人民出版社，2001。

③ 〔德〕尼古拉斯·卢曼：《信任：一个社会复杂性的简化机制》，瞿铁鹏、李强译，上海人民出版社，2005。

④ Peri K. Blind, "Building Trust in Goverment in the Twenty-first Century: Review of Literature and Emerging Issues", 7th Global Forum on Reinventing Government Building Trust in Government, June 2007, Vienna, Amina.

任和冷漠。《宣言》建议使用下列方法提高政府公信力：1. 确保政府的合法性——为了加强公民对政府的信任，国家必须是并且必须被认为是合法、公平的，且具有强大的体制能力；2. 优先考虑服务的提供和获得——公共部门通过提供可靠的公共服务创造"公共价值"，其业绩有助于提高政府公信力；3. 提高透明度和落实问责制以打击腐败——腐败是全世界面临的最大挑战之一；4. 改善对信息通信技术的利用——电子政务潜力巨大，有助于提高透明度、促进公民更多地参与政策过程，以及改善政策的质量及其实施。此外，有效的知识管理可有助于增强提供公共服务的能力，方法包括促进公共部门和政府机构之间的协调性，提高效率，协助改善服务、缩短对公民的答复时间，以及加强电子政务举措的功效等；5. 支持有效的民间社会参与——必须赋予民间社会作为正式伙伴参与治理的权力，以形成信任政府机构的氛围；6. 保证自由媒体发挥建设性影响——维持信任的一个重要部分就是公众的观念，无论这种观念是真实的还是虚假的，因此媒体在形成这些观念方面的作用随着信息革命的出现而日益增加；7. 使政府更接近人民——地方治理是缩小公民、政治代表和公共行政人员之间差距的最有效方法之一；8. 促进建立公私伙伴关系——通过利用每一个伙伴的优势和资源，有效的公私伙伴关系可以改善发展方案的设计和实施；9. 促进公共部门的改革创新——我们认识到政府赢得民众信任的能力取决于政府能够在多大程度上增强国家能力；10. 在危机和冲突后国家重建信任——社会和政治信任之间的相互作用对于危机和冲突后的国家甚至更为重要。毫无疑问，西方学者对政府公信力的相关研究成果为我们提供了丰富的研究素材和分析问题的不同视角，为研究新型城镇化背景下我国地方政府公信力的问题提供了有益的参考和借鉴。

近年来随着中国地方政府公信力问题日益突出和重大群体性事件不断增多，关于中国地方政府公信力问题的研究已成为中国政府及社会各界共同关注的焦点。目前，国内学者在政府公信力方面的研究已取得了一定成果。除了上文已经提到的书名中含有"政府公信力"关键词的专著，与

"政府公信力"相关的著作主要有范柏乃与张鸣的《信用政府的逻辑》（2011）、何显明的《信用政府的逻辑》（2007）、赵爱玲的《当代中国政府诚信建设》（2007）、章延杰的《政府信用论》（2007）、吴声功的《诚信政府的构建》（2006）等。研究政府公信力的代表性论文主要有唐土红的《论政府公信力及其伦理向度——基于政府理念、行为与绩效的分析》（2016）、张勤与李静的《论互联网背景下的政府公信力建设》（2015）、吴光芸等人的《我国地方政府公信力的现状及影响因素分析》（2015）、朱卫卿的《地方政府公信力的现实困境及其机制重建》（2014）、马得勇与孙梦欣的《新媒体时代政府公信力的决定因素——透明性、回应性抑或公关技巧？》（2014）、李建华与肖思寒的《我国政府公信力伦理探析》（2013）、杨静与程林顺的《政府公信力的政治道德实践问题探讨》（2013）、王国红与马瑞的《地方政府公信力的流失与重塑——多元协同治理的视角》（2013）、刘建华的《网络舆情视角下地方政府公信力的政治考量》（2012）、朱光磊与周望的《在转变政府职能的过程中提高政府公信力》（2011）、杨运秀的《论政府公信力的价值及其实现途径》（2011）、吕维霞与王永贵的《基于公众感知的政府公信力影响因素分析》（2010）、姚亮与彭红波的《提高政府公信力与群体性事件之消除》（2009）、舒小庆的《政府公信力：价值、指标体系及其实现途径——兼论我国诚信政府建设》（2008）、祝小宁的《政府公信力的信息互动选择机理探究》（2008）、张旭霞的《试论政府公信力和公众的话语权》（2006）、高卫星的《试论地方政府公信力的流失与重塑》（2005）、唐铁汉的《提高政府公信力 建设信用政府》（2005）、龚培兴与陈洪生的《政府公信力：理念、行为与效率的研究视角》（2003）等。已有研究主要集中在以下几个方面。

1. 政府公信力的概念和内涵。将学者对政府公信力的概念和内涵的阐述进行归纳，可以发现以下几种主要观点：第一种观点主要强调客体，即政府公信力是政府的意愿、能力和行为给公众造成的客观影响。如朱光磊等人认为，政府公信力是指政府在施政过程中通过合理、有效地履行其功能和职责而取得公众信任的能力，是政府的一种执政能力和执政资源。[①]
吕稚知则认为，政府公信力是指政府的诚信力、威信力、影响力和号召
力，是政府获得社会及人民信任和支持的一种能力。[②] 第二种观点主要强
调主体，即政府公信力是公众对政府的一种主观评价或价值判断。如龚培
兴等人认为政府公信力是指政府依据自身的信用所获得的社会公众的信任
程度。[③] 张旭霞认为，现代意义上的政府公信力指的是政府履行自己的责
任和义务，信守对公众的承诺，从而获得公众对政府的运作方式、政府行
政人员的行政行为以及与政府行为相关的整个社会制度的理解和信任。[④]
第三种观点强调主客体的统一，即政府公信力既是政府的意愿、能力和行
为给公众造成的客观影响，也是公众对政府的一种主观评价或价值判断。
如唐铁汉认为，公信力是政府的影响力与号召力，它是政府行政能力的客
观结果，体现了政府工作的权威性、民主程度、服务程度和法制建设程
度；它同时也是人民群众对政府的评价，反映了人民群众对政府的满意度
和信任度。用一个公式来表示就是：政府公信力＝政府行政能力×公众满意
度。[⑤] 姚亮等人也认为，政府公信力是公众对政府的一种主观评价，主要涉
及三个层面：政府的一种能力和资源、政府行为的客观效果、公众对政府行
为的主观感知。概言之，政府公信力就是政府行为的公正、民主和法治程
度，社会公众对政府履行职责权力的满意度和信任度，以及政府获取社会认
同的能力程度。[⑥]

　　2. 政府公信力的理论渊源。国内学者主要运用西方经济学、法学、政
治学等学科中的相关理论分析政府公信力问题，探讨其理论渊源。如孙亚忠

① 朱光磊、周望：《在转变政府职能的过程中提高政府公信力》，《中国人民大学学报》2011
年第 3 期。
② 吕稚知：《如何提高政府公信力》，《经济导刊》2011 年第 2 期。
③ 龚培兴、陈洪生：《政府公信力：理念、行为与效率的研究视角——以"非典型性肺炎"
防治为例》，《中共中央党校学报》2003 年第 3 期。
④ 张旭霞：《试论政府公信力和公众的话语权》，《中国行政管理》2006 年第 9 期。
⑤ 唐铁汉：《提高政府公信力 建设信用政府》，《中国行政管理》2005 年第 3 期。
⑥ 姚亮、彭红波：《提高政府公信力与群体性事件之消除》，《中国党政干部论坛》2009 年第
9 期。

主要从社会契约论、委托、代理理论、交易成本理论这几个方面探讨其理论渊源。① 郝玲玲主要从阶级冲突理论、社会契约论、有限政府理论、责任政府理论四个方面探讨其理论渊源。②

3. 政府公信力的作用。学者都认为，提高政府公信力具有非常重要的作用：第一，良好的政府公信力是建立和完善社会主义市场经济体制的首要前提。有学者认为，只有对社会、对人民高度负责的讲信用的政府，才能够在法律、法规、规章、政策的制定和执行过程中始终贯彻正义、公平、合理的原则；才能够按照社会主义市场经济体制的要求彻底转变政府职能，充分发挥政府在培育和发展各种要素市场、保护市场主体的地位、规范市场行为、维护市场竞争等方面的作用。③ 唐铁汉也认为，社会主义市场经济秩序依赖于全体社会成员对普遍性的行为规范和网络的遵守和信任，政府是社会秩序与市场秩序的维护者，政府不守信用就会破坏整个社会信用的基础。④第二，政府公信力直接影响政府的合法性。唐铁汉认为，政府公信力实质上是人民群众对政府履行公共职责情况的评价，同时也是对政府合法性的检验。信用政府能够增强人民群众的社会信任感和归属感，政府失信则会导致人民群众丧失对政府的信任，从而造成社会普遍失信，削弱政府的合法性。第三，良好的政府公信力是社会主义现代化的推进器。沈海军认为，只有信用度高的政府制定的法律制度才易于被公众认可和遵循，才能更有效地实施政府方针和政策，才能确保顺利实现现代化目标，并进一步提高政府的信用度和公信力。第四，政府公信力是社会稳定与发展的前提条件。唐铁汉认为，政府作为社会信用体系建设的示范者、倡导者和组织者，只有具备了较高的公信力，才能将依法治国与以德治国统一起来，正确处理改革发展与稳定的关系，促进经济社会的全面、协调和可持续发

---

① 孙亚忠、葛笑如：《政府信用的渊源和理论分析》，《生产力研究》2004 年第 2 期。
② 郝玲玲：《试论现代政府公信力的理论基础与存在前提》，《东北师大学报》（哲学社会科学版）2013 年第 2 期。
③ 沈海军：《政府信用在社会主义现代化中的作用》，《社会主义研究》2003 年第 1 期。
④ 唐铁汉：《提高政府公信力 建设信用政府》，《中国行政管理》2005 年第 3 期。

展。杨静娴也认为，政府公信力对于抑止恐慌传言有很大的作用。从这方面说，政府公信力能够为公共危机时期的社会稳定提供必要的精神依赖和心理支持。① 第五，良好的政府公信力能够降低政府执政成本。杨运秀认为，加强公共基础设施建设、为公众提供充足的公共服务和公共物品势必要耗费大量经济成本，提高政府的短期成本。但是从促进经济社会协调发展和整体进步的角度看，这样做会降低政府的长期成本。由此，解决政府成本中的长期和短期投入问题的关键之处就是要充分地提升政府公信力。因为政府公信力越高，一些需要长期投入的公共项目才能够实施，才能分批次分时段地持续投入。②

4. 政府失信的原因分析。许多学者认为政府失信主要表现在国家法律滥用、国家政策滥用、地方政府职能滥用、政府公务员职权滥用等方面，并从政治、经济、文化、社会等不同视角分析其原因。唐铁汉认为，造成政府公信力下降的原因是多方面的。主要原因有：一是政府职能转变滞后；二是传统的政府管理方式不能适应市场经济发展的新要求；三是政府依法行政还存在许多不完善的地方。③ 单晓辉认为，导致政府部门公信力弱化的原因是社会结构转型和体制转轨时期积累的深层矛盾和问题浮现，加上一些政府部门公共权力异化，行政行为不规范，政府信息不及时、不准确以及政策缺乏稳定性、连续性等不作为。④ 吴旭认为，影响地方政府公信力的因素主要是个别公务员存在认识误区、政府信息不透明、相关责任追究和监督机制缺失等。⑤ 刘绍芹指出，影响政府公信力的因素包括政府管理理念、运行机制等自身缺陷、公众价值体系多元化、主流媒体责任感淡化、社会思潮变迁以及传媒环境激变等诸多因

---

① 杨静娴：《公共危机治理中政府公信力的缺失与重塑》，《郑州大学学报》（哲学社会科学版）2011年第5期。
② 杨运秀：《论政府公信力的价值及其实现途径》，《江汉论坛》2011年第5期。
③ 唐铁汉：《提高政府公信力 建设信用政府》，《中国行政管理》2005年第3期。
④ 单晓辉：《论社会转型时期政府公信力提升》，《人民论坛》2014年第34期。
⑤ 吴旭：《我国网络问政中政府公信力不足问题研究》，《西南交通大学学报》（社会科学版）2012年第3期。

素。① 而周红等人认为，公共危机是影响地方政府公信力的重要因素。② 马得勇等人则强调，地方政府的透明性和回应性是影响地方政府公信力的两个最重要的因素。③

5. 政府公信力建设的主要途径。国内有许多研究成果从观念、制度、管理等方面探讨了政府公信力建设的主要途径：第一，改变思想观念，加强伦理道德建设。唐铁汉认为，各级政府及领导干部应牢固树立执政为民的思想意识。要在政府部门和公务人员中树立诚信观念和责任观念，加强公务人员的职业道德建设，使其恪尽职守。杨静等人则认为，提升地方政府公信力应从伦理道德入手，制度伦理的价值实现、主体的道德内化建构及道德情感融入的实效性，是建构和保障对政府信任关系的有效途径。④ 唐土红也认为，政府理念就应体现"善意"，政府行为就应遵循"善行"，政府绩效就要追求"善果"。⑤ 第二，完善制度建设。朱光磊等人认为，制度建设对政府公信力具有根本性的影响：制度建设的法律来源明晰，制度构架合理，制度及其衍生的行政体制、工作程序才有说服力，政府才具有公信力。⑥ 朱卫卿认为，提升地方政府公信力需要建立和完善透明的政策传播机制、有力的政策执行机制、信息沟通和反馈机制、官员选拔和晋升机制、专门的公务员诚信考评机制等。⑦ 薛瑞汉则认为，要提升地方政府公信力，应加强行政问责制，完善政府绩效

---

① 刘绍芹：《危机传播管理中政府公信力"话语权"的建构》，《东岳论丛》2013年第5期。

② 周红、艾太强：《公共危机管理状态下地方政府公信力的重塑》，《西北师大学报》（社会科学版）2011年第4期。

③ 马得勇、孙梦欣：《新媒体时代政府公信力的决定因素——透明性、回应性抑或公关技巧?》，《公共管理学报》2014年第1期。

④ 杨静、程林顺：《政府公信力的政治道德实践问题探讨》，《南昌大学学报》（人文社会科学版）2013年第2期。

⑤ 唐土红：《论政府公信力及其伦理向度——基于政府理念、行为与绩效的分析》，《内蒙古社会科学》（汉文版）2016年第3期。

⑥ 朱光磊、周望：《在转变政府职能的过程中提高政府公信力》，《中国人民大学学报》2011年第3期。

⑦ 朱卫卿：《地方政府公信力的现实困境及其机制重建》，《云南行政学院学报》2014年第3期。

评估制度。① 第三，加强和改善政府管理。唐铁汉认为，提高政府公信力就要改革和完善行政决策机制，努力提高决策的科学化、民主化水平。要规范决策程序，健全决策制度，优化决策环境，强化决策责任。吕维霞等人认为，地方政府提升公信力的对策有：通过提高服务效率来提高公众满意度；通过治理腐败、建设电子政府来提高透明度，从而建立良好的政府形象；通过提高公众参与政府公共活动等途径来提高公众对政府的理解和支持，设置适当的期望值；通过培训公务人员来培养其公共服务精神，提高公务员的责任心，改善其服务态度；对不同公众提供不同的行政服务管理模式。王国红等人认为，重塑地方政府公信力需要变革政府对市场和社会的单向管控模式，不断明晰政府与社会的关系，培育多元治理主体；不断拓宽政治参与渠道，健全公民治理机制；不断加强公民治理与地方政府治理的合作互动，探索政府、市场和民间组织的多元协同治理之道。② 而吴江等人认为，提高政府公信力的对策是努力弥合数字鸿沟，加强能提高政府公信力的网络基础建设；不断完善电子政务背景下以公民为中心的合作治理结构与机制；加强能力重构，提升政府网络治理能力。③ 刘建华则强调，在网络时代要提高政府公信力必须充分认识网络舆情的重要性，全面把握网络舆情的特点和规律，积极应对网络舆情的民意监督，建立网络舆情的快速反应机制，构建疏通民意表达的多元化渠道。④

6. 政府公信力的评价标准。目前还没有一套完整、科学、统一的政府公信力评价标准。由于影响政府公信力的因素是多方面的，学者们对政府公信力的评价标准也各不相同。唐铁汉认为，对政府公信力的评价主要包括以下方面：政府的诚信程度、政府的服务程度、政府依法行政的程度、政府的

---

① 薛瑞汉：《新时期地方政府公信力的提升路径》，《中州学刊》2014 年第 12 期。
② 王国红、马瑞：《地方政府公信力的流失与重塑——多元协同治理的视角》，《湖南师范大学社会科学学报》2013 年第 2 期。
③ 吴江、李志更：《电子政务发展中的"双刃剑"效应：博弈政府公信力》，《电子政务》2012 年第 10 期。
④ 刘建华：《网络舆情视角下地方政府公信力的政治考量》，《理论导刊》2012 年第 8 期。

民主化程度。① 舒小庆认为，通常可以把政府行为的法治程度、政府政策的规范程度、政府的民主化程度、政府官员的道德感和廉洁程度、政府工作的公开程度作为衡量政府公信力的主要指标。② 季燕霞认为，政府公信力评估指标包括：政务信息公开和透明程度、政府的信用程度、政府的公共服务水平、民主法制程度、政府决策的民主化程度、政府部门及其公务人员的廉洁自律程度。③ 而杨畅认为，政府公信力评估指标包括政府公信力内部基础指标、政府公信力业绩与成本指标、政府公信力互动指标。其中，政府公信力内部基础指标构成包括政府政策法规、政府信息公开、政府机关工作作风、公务员道德品质四个方面。政府公信力业绩与成本指标构成包括政府业绩和政府成本两方面。政府公信力互动指标构成主要包括政府问责方面和公众满意度方面。④ 从上面四人的观点来看，虽然大家对政府公信力的评价标准看法不一，但对于一些核心评价指标还是取得了一定的共识，如政府的服务水平、政府法治化程度、政府民主化程度、公务员道德品质等。

通过以上对国内外关于政府公信力文献资料的细致梳理，可以发现国外学者侧重于政治信任研究，尤其是将政治信任与社会制度、历史文化结合起来进行全面系统的研究，其中不乏深刻的理论见解。但由于国情不同，国外学者的理论只能作为研究中国问题的参考，不能直接采取"拿来主义"。国内学者关于地方政府公信力的研究成果也比较丰富，时代气息比较强，大多将地方政府公信力与互联网、新媒体、群体性事件、危机管理、社会转型等联系起来进行研究，这些成果无论在理论上还是在实践上都对我国地方政府公信力建设产生了积极影响。但不可否认，由于主客观方面的原因，我国地方政府公信力研究还存在一定的局限性。这主要表现为：1. 理论缺乏系统性，甚至存在一定程度的混乱。如政府公信力的基本范畴需要进一步明确，

① 唐铁汉：《提高政府公信力 建设信用政府》，《中国行政管理》2005 年第 3 期。
② 舒小庆：《政府公信力：价值、指标体系及其实现途径——兼论我国诚信政府建设》，《南昌大学学报》（人文社会科学版）2008 年第 6 期。
③ 季燕霞：《政府公信力的生成逻辑：基于当代中国回应型政治运行实践的研究》，人民出版社，2015，第 7~9 页。
④ 杨畅：《当代中国政府公信力评估指标体系构建探析》，《中国行政管理》2013 年第 12 期。

"政府公信力""政府诚信""政府信用""政治信任"之间的关系需要进一步厘清；地方政府公信力与公共品供给、政府信息公开、公民政治认知水平、公共政策效果的相关性有待探讨，等等。2. 研究视角和方法过于单一。研究政府公信力这一复杂问题必须从不同的视角综合运用多种研究方法，尤其要将实证研究方法、理论与实证相结合的研究方法等纳入政府公信力研究的视野，并对重点研究领域进行拓展与深化。3. 研究成果的可行性和可操作性存在欠缺。现有研究成果多数是较抽象的理论探讨，较少有深入、细致的实证研究，不能准确把握新型城镇化背景下地方政府公信力的具体现状，也就不能提出有效的政策建议，导致研究成果缺乏针对性和时效性，不易被政府采纳。

第四节　研究方法与主要创新

一　研究方法

本书力图综合运用多种研究方法，在现有理论的基础上提出新的理论分析框架，并分析地方政府公信力的影响因素，然后，通过实地调查收集基层民众评价新型城镇化背景下地方政府公信力的现状与影响因素的信息，整理研究后找出新型城镇化背景下地方政府公信力存在的问题及难以解决的症结，进而探讨新型城镇化背景下地方政府公信力建设的有效路径。

（一）文献分析法

首先大量阅读与地方政府公信力相关的书籍，在此基础上，利用国内的中国知网、维普、万方等数据库以及国外的 EBSCOhost－ASP/BSP/CMMC 数据库、Project MUSE 期刊数据库、Emerald 管理学数据库、ProQuest 学位论文全文检索平台，进一步收集与地方政府公信力相关的文献资料，然后对这些文献资料进行全面系统的理论梳理和历史分析。

（二）问卷调查法

问卷调查法是调查者根据调查目的事先设计好统一问卷，要求被调查者针对问卷中的问题据实回答，以获取第一手资料的研究方法。所以，为采集新型城镇化背景下地方政府公信力现状和影响因素的信息，本书在研究过程中向不同区域、不同年龄、不同群体的民众发放了大量统一设计好的调查问卷，在他们填写完毕后进行回收，以获取民众对地方政府公信力评价的第一手信息，为探讨新型城镇化背景下地方政府公信力建设的有效路径提供真实可靠的数据支撑。

（三）结构式访谈法

结构式访谈具有可有选择性地对某些特定问题进行深入调查、可近距离地观察被调查者的态度和情感、回收率高、访谈结果方便量化统计等优点。本书在进行入户调查的时候根据调查问卷本身的内容对小部分群众进行了结构式访谈，访谈进一步增加了调查问卷的可信度，访谈的相关内容反映在对调查资料进行研究分析的描述性语言中。

（四）统计分析法

将本书采集的有效调查问卷信息录入数据库，然后利用描述性统计、交互分析、方差分析、因子分析、Binary Logistic 回归分析等多种统计分析方法对回收的调查问卷资料进行统计分析；统计软件主要采用 SPSS Statistics 20.0统计软件。

（五）多学科研究法

本书综合运用政治学、法学、经济学、管理学等多学科的理论、方法和成果，对新型城镇化背景下地方政府公信力问题进行全方位的考察，从不同的视角分析研究这一问题，从概念理念、公共政策、法律制度、政府组织结构、政府治理方式等不同方面探讨新型城镇化背景下地方政府公信力的提升路径。

二　主要创新

其一，研究内容创新。本书从新型城镇化与地方政府公信力相关性的角度、从主观因素与客观因素相互影响的角度出发研究新型城镇化背景下的地方政府公信力问题，进一步拓宽地方政府公信力研究的范围。例如地方政府公信力与公民政治认知的关系研究、地方政府公信力与公民需求满足的关系研究、地方政府公信力与公共政策的关系研究、地方政府公信力与政府行为的关系研究，等等。在拓展研究内容的过程中，有针对性地回答和解释一些关键现实问题。

其二，研究方法创新。鉴于国内学术界在实证研究方面比较薄弱，本书尝试运用问卷调查、结构式访谈等社会科学调查研究方法，以全国不同区域、不同年龄、不同群体的民众（主要是农村年满 18 周岁的农民）为调查对象，重点围绕新型城镇化背景下的农村征地、房屋拆迁、公共品供给、环境污染治理等重大民生问题进行有针对性的社会调查，获取相关研究数据，并采用多种研究方法进行理论分析，找出影响地方政府公信力的主要因素，探讨新型城镇化背景下地方政府公信力的提升路径，使研究成果具有现实性和针对性。

第二章
地方政府公信力的含义与理论基础

第一节　地方政府公信力的含义

一　地方政府的含义

政府是指国家进行统治和社会管理的机关，是国家表示意志、发布命令和处理事务的机关。政府有广义和狭义之分，广义的政府是指行使国家权力的所有机关，包括立法机关、行政机关和司法机关；狭义的政府是指国家权力的执行机关，即国家行政机关。

地方政府（Local Government）是相对中央政府（Central Government）而言的。《国际社会科学百科全书》对地方政府的解释是：在全国政府或地区政府的一小块领土上，拥有决定和管理有限范围公共政策的一种公共组织。《辞海》给出的解释是：设置在地方各级行政区域内负责行政工作的国家机关。我国《宪法》第九十条、第一百零五条分别规定"省、直辖市、县、市、市辖区、乡、民族乡、镇设立人民代表大会和人民政府""地方各级人民政府是地方各级国家权力机关的执行机关，是地方各级国家行政机关"。所以，我国的地方政府是指国务院以下的、设置于地方各级行政区域内的地方各级行政机关。

本书中的地方政府范围主要涉及县（区）级以下的行政机关，研究的地方政府公信力则是指县（区）政府与乡镇政府（街道办事处）这两级基层政府的公信力以及村（居）委会的公信力。因为县（区）级以下的人民政府是新型城镇化建设的管理者、主导者和主要推进者，处于推进新型城镇化建设的第一线，与基层群众最接近，其在推进新型城镇化建设中扮演的角色，不仅直接关系到新型城镇化建设的成败，也直接影响党和政府在人民群众心目中的形象以及政府公信力。本书为什么将村（居）委会的公信力纳入地方政府公信力研究的范畴？虽然《中华人民共和国村民委员会组织法》和《中华人民共和国城市居民委员会组织法》规定了村（居）民委员会是村民自我管理、自我教育、自我服务的基层群众性自治组织，但从国内行政管理的实践来看，村（居）委会行使着部分政府行政职权，甚至行使着部分本应由乡镇人民政府行使的行政职权。正因为这样，《中华人民共和国刑法》（以下简称《刑法》）才明确规定村基层组织人员也能够构成贪污受贿罪的主体。如全国人民代表大会常务委员会《关于〈中华人民共和国刑法〉第九十三条第二款的解释》规定，村委会等村基层组织人员协助人民政府从事下列行政管理工作，属于《刑法》第九十三条第二款规定的"其他依照法律从事公务的人员"：（一）救灾、抢险、防汛、优抚、扶贫、移民、救济款物的管理；（二）社会捐助公益事业款物的管理；（三）国有土地的经营和管理；（四）土地征用补偿费用的管理；（五）代征、代缴税款；（六）有关计划生育、户籍、征兵工作；（七）协助人民政府从事的其他行政管理工作。村民委员会等村基层组织人员从事前款规定的公务，利用职务上的便利，非法占有公共财物、挪用公款、索取他人财物或者非法收受他人财物，构成犯罪的，适用《刑法》第三百八十二条和第三百八十三条贪污罪、第三百八十四条挪用公款罪、第三百八十五条和第三百八十六条受贿罪的规定。正因为"村官"这一个生活在农村基层、与农民最贴近的"官员"群体拥有一定的公权力，且权力不可谓不大，如农村土地分配和土地征用，退耕还林款、惠民补助的资金、重点村建设资金、危房改造资金、村民低保金的发放，以及各种证件的办理，等等。这些权力如果没有制约和监督，就可能被滥用。近年来，一些地方"村官"滥用职权，出现了以权谋私、贪污腐败的案件，基层的微腐败严重恶化了干群关系和地方政治生态，败坏了党和政府的形象，侵蚀着政府公信力。

二　地方政府公信力的含义

关于政府公信力的含义，不同的学者有不同的观点，学术界一直没有达成共识。大致有三种观点：一种认为政府公信力是指政府在施政过程中通过合理、有效地履行其功能和职责而取得公众信任的能力，是政府的一种执政能力和执政资源。[①] 一种认为政府公信力是指社会组织和民众对政府信誉的一种主观价值判断，它是政府行政行为的形象和所产生的信誉在社会组织和民众中形成的心理反映。[②] 一种认为政府公信力是政府的影响力与号召力，它是政府行政能力的客观结果，体现了政府工作的权威性、民主程度、服务程度和法制建设程度；同时，它也是人民群众对政府的评价，反映了人民群众对政府的满意度和信任度。[③]

以上三种观点，第一种强调政府公信力的客观性，第二种强调政府公信力的主观性，第三种强调政府公信力的主客观统一性。要想弄清政府公信力的含义，当谈到政府公信力时，我们必须首先明白认识主体是哪一方，认识客体又是哪一方。毫无疑问，认识主体是公众，认识客体是政府公信力而不是政府。物理上的力是一种客观存在，是物体对物体的作用。政府公信力同样是一种客观存在，是政府通过自身行为对公众产生的作用或影响。虽然政府公信力与民众对政府的信任度密切相关，政府公信力往往通过民众对政府的信任度来测量，但是政府公信力与民众对政府的信任度不是一回事，不能画等号。表面上看，民众对政府的信任度高，则政府公信力高；民众对政府的信任度低，则政府公信力低。但是，它们的因果关系是政府公信力高低决定民众对政府的信任度高低，而不是反过来。虽然由于文化水平和政治认知能力的限制，有的民众对政府公信力的感知发生偏差，使其对政府的信任度也发生偏差，但政府公信力作为一种客观存在是不争的事实，是政府公信力

[①] 朱光磊、周望：《在转变政府职能的过程中提高政府公信力》，《中国人民大学学报》2011年第3期。

[②] 吴威威：《良好的公信力：责任政府的必然追求》，《兰州学刊》2003年第6期。

[③] 唐铁汉：《提高政府公信力 建设信用政府》，《中国行政管理》2005年第3期。

客观存在的状况引起民众对政府的信任度的评价，而不是相反。民众对政府公信力进行评价时，还是要遵从一定的客观标准，法治化程度、民主化程度、信息公开程度、清廉程度、公共服务能力等一些被大家一致认同的客观指标。因此，政府公信力本质上是进入主体——公众认识活动范围的客观存在。

通过上述分析，我们可以得出地方政府公信力的含义。所谓地方政府公信力是指地方各级行政机关在人民群众中的影响力、号召力和权威性，是其通过公共政策和行政管理行为获取公众信任的能力。

另外，在使用政府公信力这个词时，要注意到它与政府诚信、政府信任、政府信用三个词的联系和区别。有的学者认为这四个词的概念是一样的，没有差别，即使有差别，也差别不大，因而，在研究过程中常混同使用。严格说来，它们既有联系又有区别。政府公信力与政府诚信、政府信任、政府信用都有"信"字，"信"字最早出现在金文中，本意为诚实。许慎《说文解字》对"信"字的解说是："信诚也，从人从言。"[①]"信"的基本内涵是言行一致、诚实不欺、信守诺言。政府公信力与政府诚信、政府信任、政府信用四个词都包含有"信"的基本内涵。但政府诚信侧重从伦理道德角度探讨政府行为的规范性问题。《说文解字》中对于"诚信"一词的解释是："诚，信也。信，诚也。"政府诚信强调政府真实可靠、信守诺言。高卫星认为，政府诚信是指政府主体的言行要与真实情况相一致。政府自身的内在规定性决定了诚实守信是政府运行应遵循的基本行为准则。[②]政府信任侧重从社会心态角度探讨政府行为的规范性问题，强调公众对政府的主观评价、价值判断和心理状态。西方学者认为，政府信任是一种基于制度的普遍信任。政府信任是公民在与政府长期互动过程中逐渐形成的对政府的一种信赖与期待，是衡量公民与政府关系的重要指标。[③]政府信任是以政府诚信为前提的，政府诚信可以降低政府信任的风险。

---

① （汉）许慎：《说文解字》，中华书局，1963，第52页。
② 高卫星：《试论地方政府公信力的流失与重塑》，《中国行政管理》2005年第7期。
③ 王毅杰、乔文俊：《中国城乡居民政府信任及其影响因素》，《南京社会科学》2014年第8期。

它主要包括三层含义：第一，国家行政机关以平等主体的身份与个人或企业签订行政合同或行政契约，并且能够以实际行动履行合同，因而取得了对方当事人的信任。第二，国家行政机关在法律、法规、政策的执行过程中，因能做到依法行政，使法律、法规和政策真正贯彻实施而取得社会的信任。第三，国家行政机关在管理政治、经济、文化等一切社会事务的过程中，在没有任何法律、法规、政策和行政合同具体约束的情况下，也能始终执行正义，维护公众的利益，正确履行自己的职责而取得社会的信任。[①] 而政府公信力侧重从客观影响力和权威性角度探讨政府行为的规范性问题，强调政府获得民众信任的能力。政府诚信、政府信任、政府信用是政府公信力的重要前提和必然要求。政府信用侧重从契约角度探讨政府行为的规范性问题，强调政府因履行契约而取得民众的信任。政府信用是指国家行政机关在社会经济管理活动中能够履行契约而取得的信任。

第二节 地方政府公信力的影响因素

影响政府公信力的因素有许多，有主观因素和客观因素，有政治因素、经济因素和文化因素，还有社会因素和历史因素等。但本书认为政府公信力主要涉及公众、政府以及政府和公众所处的时代环境三个方面，故重点从政府、公众、时代三个维度分析政府公信力的影响因素。

一 政府因素

政府公信力主要取决于政府的施政理念以及实施的公共政策和具体行政管理行为。民主、法治、公开、透明、回应、责任、诚信、服务是现代政府的核心理念。如果政府及其工作人员能够始终秉持全心全意为人民服务的标准和理念，就会始终"以人民为中心"开展工作，想群众之所想、急群众

---

① 沈海军：《政府信用概念辨析》，《理论学刊》2003 年第 2 期。

之所急、解群众之所困，就会克己奉公，清正廉洁，不徇私枉法，不贪污受贿，尽力把政府打造成为民主政府、法治政府、透明政府、回应政府、责任政府、公信政府和服务型政府，从而赢得人民群众的拥护和支持，树立起良好的政府公信力。反之，就会失去人民群众的拥护和支持，败坏政府公信力。现实中，一些地方政府及其工作人员正是因为思想观念错误，没有树立民主意识、法治意识、责任意识、效能意识、服务意识，再加上相关法律不完善，权力缺少制约和监督，致使少数地方政府工作人员行为失范，弄虚作假、不作为、慢作为、乱作为、贪污受贿现象时有发生，给党和政府的形象造成了恶劣影响，损害了政府公信力。

另外，公共政策是政府为实现一定的政治、经济、文化、社会、生态目标采取的行为准则，是分配或调整各种利益关系的手段。充分反映民意的公共政策有利于实现公共目标，促进公共利益，同时最大限度地保护公民、法人或其他社会组织的合法权益。不科学的、不稳定的公共政策则会不利于实现公共目标和公共利益，同时会损害一些公民、法人或其他社会组织的合法权益，影响公共政策的权威性和公民对政府的信任度。近年来，一些地方政府朝令夕改，政策缺乏稳定性和连贯性，出现"一届政府一套政策""新官不理旧账"的现象，破坏了地方政府的声誉和形象，让群众对政府出台的公共政策产生不信任感。

再者，政府的具体行政管理行为是公众评价政府公信力的重要标尺。因为政府的具体行政管理行为可以对行政相对人设定权利义务，具有单方性、强制性，直接影响行政相对人的权益和日常生活。因此，政府部门在实施具体行政行为时一定要遵循法治原则、公开透明原则和高效原则，无论是行政许可、行政给付，还是行政处罚、行政强制，都要合法，既要有实体法的明文规定，做到行政行为的主体合法、权限合法、内容合法，也要合乎程序法的规定。否则，就可能构成违法行政，甚至职务犯罪。同时，要不断提高政府的公共服务能力和工作效能。只有这样才能树立良好的政府形象，赢得民众的信任。

二　公众因素

公众是评价政府公信力的主体，其评价结果取决于公众对公共政策和具体行政管理行为的预期与主观感知。詹姆斯·福里斯特尔指出："政府工作的困难在于，它不仅必须干得很好，而且必须让公众相信它干得很好，换句话说，能力和表现都是必要的……"① 如果公众对公共政策和具体行政管理行为有一定的期待，而政府实施公共政策和具体行政管理行为的最终结果与公众的期待有差距，就会影响公众对政府公信力的评价。政府实施公共政策和具体行政管理行为的最终结果与公众期望差越大，则公众对政府公信力的评价越低；反之，公众对政府公信力的评价越高。也就是说，公众对政府的角色期待与政府最终呈现的角色之间的距离越大，公众对政府公信力的评价就越低，呈现一种负相关关系。

另外，公众对公共政策和具体行政管理行为的主观感知也会影响公众对政府公信力的评价。公众的主观感知与公众的文化水平、政治认知能力及其是否具有理性精神有关。一个人文化水平越高、政治认知能力越强、越具有理性精神，就越能全面辩证地看待问题，设身处地地思考问题，对政府公信力做出全面客观的评价；一个人文化水平越低、政治认知能力越弱、越不具有理性精神，就越可能片面地、非理性地看待问题，对政府公信力做出不客观的评价。一般情况而言，公众认知能力越强，就越能全面客观地评价政府公信力，其评价结果就越接近于政府公信力的真实状况；反之，其主观评价就可能偏离实际情况。

三　时代因素

公众、政府工作人员的思想和行为都具有一定的时代特征，时代因素是影响政府公信力的重要因素。一是社会转型的因素。许多学者认为中国

---

① 〔美〕菲利克斯·A. 尼格罗、劳埃德·G. 尼格罗：《公共行政学简明教程》，郭晓来等译，彭和平等校，中共中央党校出版社，1997，第10页。

正处于社会转型期，正经历由高度集中的计划经济向社会主义市场经济转型、从乡村社会向城镇社会转型。在从计划经济向社会主义市场经济转型的过程中，随着经济体制的深刻变革，整个社会结构在发生深刻变动，整个利益格局在进行深刻调整，人们的思想观念在发生深刻变化，各种社会矛盾纠纷也不断增加，这给政府治理带来了空前的难度。政府能否创新治理方式、提高治理能力、协调各方利益、化解社会矛盾，将直接关系到政府公信。同时，政府能否准确界定自己的职能，定位自己的角色，做到不缺位、不越位、不错位，对政府公信力也是严峻考验。另外，新型城镇化给政府公信力也带来了重要影响。新型城镇化是我国社会转型的重要阶段。它要求各级地方政府改变落后的观念，积极探索新的城镇发展路径，以人为本，强化公共服务职能，把主要的资源和财力用来改善生态环境、增加基础设施建设和教育、医疗、卫生、社会保障等方面的支出，不断完善农业转移人口市民化的制度体系，加快建立农村公共产品供给的长效机制，努力实现城乡基本公共服务均等化，使城乡居民共享新型城镇化和城乡一体化的发展成果。新型城镇化建设给提高政府公信力带来了难得的机遇，如果地方政府能够按照中央的部署和要求顺利推进新型城镇化建设，就一定能够得到群众的拥护和支持，极大地提高政府公信力。反之，如果地方政府在推进新型城镇化进程中缺乏正确的认识，行为失范，把新型城镇化变成无序开发、"造城运动"，与民争利，则会损害政府公信力。二是新媒体因素。新媒体时代，数字技术、网络技术和移动技术高速发展，改变着人们的思维方式、生产方式和生活方式，也给政府的管理观念与管理方式带来了深刻影响。新媒体具有交互性与即时性、海量性与共享性等特征，它为政府在新形势下搜集民意、了解民情、联系民众、为民服务提供了重要工具和平台，同时也方便民众以最快捷的方式获取政府公布的重要政策信息，拓宽公民政治参与和监督政府的渠道。当然，新媒体时代带有片面性、负面性特点的碎片化信息的高速传播也可能造成公众对政府的误解，对地方政府公信力建设构成挑战。因此，各级政府应该积极适应新媒体时代的要求，正确地认识和运用新媒体，充分发挥新媒体的积极作用，让公共政策更加透明，让权力运行更加规范，从而拉近政府与民众的距离，进一步提升政府公信力。

第三节　地方政府公信力的理论基础

政府公信力问题既是一个实践问题，也是一个理论问题。从理论上探讨政府为什么必须诚实守信、具有公信力以及如何让政府讲诚信、提高其公信力，是非常必要的。对政府公信力问题的相关文献进行梳理和分析，就不难发现人民主权理论、社会契约论、公共选择理论和社会资本理论等理论构成了政府公信力的重要理论基础。

一　以人民为中心的思想

以人民为中心的思想是习近平新时代中国特色社会主义思想的核心内容，是对马克思主义群众史观的继承和发展，是全心全意为人民服务根本宗旨的时代体现，是新时代各级政府开展一切工作的根本指南和价值取向。习近平总书记反复强调，"人民是历史的创造者，是真正的英雄""人民是创造历史的动力""人民是决定党和国家前途命运的根本力量"。所以，必须坚持人民主体地位，坚持立党为公、执政为民，践行全心全意为人民服务的根本宗旨，把党的群众路线贯彻到治国理政的全部活动之中，把人民对美好生活的向往作为奋斗目标，依靠人民创造历史伟业。

以人民为中心的思想要求各级政府支持和保证人民当家做主，通过完善法律制度，依法保障人民群众的知情权、参与权、表达权、监督权；要求各级政府坚持人民利益至上的原则，始终把实现好、维护好、发展好最广大人民的根本利益作为一切工作的出发点和落脚点；要求各级政府始终坚持群众路线，密切与人民群众的血肉联系，加强作风建设，坚持反腐无禁区、全覆盖、零容忍；要求各级政府积极转变职能，创新治理方式，不断增强公信力和执行力。更为重要的是，"以人民为中心的发展思想，不是一个抽象的、玄奥的概念，不能只停留在口头上、止步于思想环节，而要体现在经济社会发展各个环节。"它要求各级政府必须采取切实有效的措施解决人民最关心、最直接、最现实的利益问题，实现人民对美好生活的向往。人民群众对政府满意不满意，政府是否具有公信力，不在于政府及其工作人员怎么说，而在于怎么做。人民群众对政府的服务态度和能力越满意，政府的公信力就越高。政府公信力是政府长时间慢慢积累起来的无形资产，是政府合法性的体现，需要用心呵护。所以，政府是否坚持以人民为中心的发展思想关乎政府公信力。提高政府公信力，需要政府始终不忘为人民谋福祉的初心，用实际行动兑现对人民的承诺，把为人民服务的理念变成政府及其工作人员的行动自觉。

二 社会契约理论

社会契约理论是 17 世纪和 18 世纪古典自然法学家提出的著名政治理论，主要代表人物有：霍布斯、洛克和卢梭。他们都认为，在进入政治社会之前，人类处于一种自然状态之中，并享有自然权利。但这种自然状态存在缺陷，为摆脱这种状态，唯一的办法就是让渡部分自然权利，签订社会契约，成立国家。如社会契约论的集大成者卢梭认为，本来自然状态是一个人类最适宜的自由状态，但私有制的产生使人们进入堕落的"文明社会"，从而出现不平等，最终产生奴役，人们为了自我保存，就"相互约定，我们每个人都以其自身及其全部的力量共同置于公意的最高指导之下，并且我们在共同体中接纳每一成员作为全体之不可分割的一部分"。① 这样，国家就产生了。而"政府就是在臣民与主权者之间所建立的一个中间体，以便两者得以互相适合，它负责执行法律并维持社会的以及政治的自由"。② 政府是主权者的执行人。可见，社会契约论者认为，国家起源于社会契约，政府是人民基于自身利益而与国家缔结社会契约的产物，国家主权和政府的权力都来自人民。因此，政府及其工作人员都必须对人民负责，按人民的意志行

---

① 〔法〕卢梭：《社会契约论》，何兆武译，商务印书馆，1982，第 20 页。
② 〔法〕卢梭：《社会契约论》，何兆武译，商务印书馆，1982，第 76 页。

事。政府应该利用人民赋予的权力，保护人民的生命权、财产权和自由，向社会提供公共产品和公共服务。这不仅是政府的基本职能，更是政府的基本义务。同时，人民有权监督政府，倘若发现政府违背人民的意志，即公意，人民有权撤换他们。从上面的分析中我们可以看出，政府的合法性和公信力是建立在人民同意的基础上。人民因为信任政府，才把权力授予政府，把公共事务委托给政府，承认政府的权威性。政府只有尽心尽力地处理好各种公共事务，切实维护人民利益，实现公共目标，才对得起人民的信任。如果政府利用人民赋予的权力侵害人民的利益，政府的公信力就会慢慢下降，人民就会慢慢地不信任政府，最终就会抛弃它。运用社会契约理论可以解释政府为什么必须具有公信力以及应该怎样维护其公信力。

三 公共选择理论

公共选择理论是运用经济学方法来分析研究非市场决策或政府政治行为及其过程的理论。其代表人物是美国经济学家詹姆斯·布坎南（James M. Buchanan）。公共选择理论具有四个重要特点，即理性经济人假设、方法论上的个人主义、交易政治和搭便车理论。公共选择理论从经济人的假设前提出发，认为在政治领域，无论是政治家还是政府官员都不是大公无私的政治人，而是追求自身利益最大化的理性经济人。所谓理性就是个人对其所处的环境具有相当丰富的知识，并且拥有较强的计算能力，能够通过精密的计算和仔细的权衡估计对可供利用的实现目标的手段进行优化选择。① 公共选择理论还认为集体行动是集体行动中的个人根据他们自己的利益和偏好采取理性选择之后的结果，并不存在所谓独立的集体意志，个人才是真正的选择者。政治过程与经济过程没有什么区别，都是利益交换的过程，都取决于交易动机和交易模式。公共政策理论研究的主题就是政治市场上交易各方的效用最大化问题，就是探讨在公共政策制定或公共服务提供的过程中，各方的

---

① 〔美〕詹姆斯·M. 布坎南、戈登·塔洛克：《同意的计算：立宪民主的逻辑基础》，陈光金译，中国社会科学出版社，2000。

理性选择能在何种制度体系内达到竞争均衡，这种均衡又在何种情况下能够符合社会的要求。另外，公共选择理论还分析了政府失灵的表现和原因。政府失灵表现为公共政策失误、公共物品低效率供给、政府的规模膨胀但是行政效率低下、政府官员寻租活动等，主要原因包括政府决策的无效率、政府机构运转的无效率和政府干预的无效率。按照公共选择理论，由于政府自利的本性和局限，如果没有有效的外部约束，就必然会出现政府失灵，损失社会福利，使公众不信任政府。因此，为了使政府的政策和行为不偏离公共利益的轨道，提高政府公信力，就必须加强制度约束，推进市场化改革和完善公共决策体系。

四 社会资本理论

社会资本理论是一种社会理论。较早独立使用"社会资本"这一名词的是莱达·汉尼芬，他认为社会资本是指人们日常生活中可触知的资产，包括良好的愿望、遵循、同情，以及社会交往。真正第一次将社会资本概念引入社会学领域进行初步分析的学者是法国思想家皮埃尔·布迪厄。他主要从社会网络的角度研究社会资本。他认为，社会资本是"实际的或潜在的资源的集合体，那些资源是同对某种持久性的网络的占有密不可分的，这一网络是大家共同熟悉的、得到公认的，而且是一种体制化关系的网络，或换句话说，这一网络是同某个团体的会员制相联系的，它从集体性拥有的资本的角度为每个会员提供支持，提供为他们赢得声望的"凭证"。① 而詹姆斯·科尔曼对社会资本做了较系统的分析。他认为社会资本是一种责任与期望、信息渠道以及一套规范与有效的约束，它们能限制或者鼓励某些行为。② 真正使社会资本概念引起广泛关注的是罗伯特·帕特南，他在《使民主政治运转起来：现代意大利的公民传统》一书中将社会资本界定为"社会组织

---

① 〔法〕皮埃尔·布迪厄：《文化资本与社会炼金术》，包亚明译，上海人民出版社，1997，第202页。
② 〔美〕詹姆斯·S.科尔曼：《社会理论的基础（上、下册）》，邓方译，社会科学文献出版社，1999，第354页。

的特征，例如信任、规范和网络，它们能够通过推动协调的行动来提高社会的效率"。罗伯特·帕特南认为，对于政府而言，提高政府绩效有助于政府获得更为丰厚的社会资本，从而推动民主治理有效运转。[①] 社会资本理论揭示了信任、政府公信力、公民参与网络是一种社会资本，是影响政府绩效和民主政治发展的重要因素。因此，政府应加强与公民、社会组织的互动合作，创造有利条件和平台，让公民参与公共决策和公共事务，不断积累社会资本。这是提高政府公信力和政府绩效的有效途径。

---

① Robert D. Putnam, Robert Leonardi, Raffaella Y. Nanetti, *Making Democracy Work*: *Civic Traditions in Modern Italy*, Princeton University Press, 1993, p. 167.

第三章
研究设计

第一节　研究假设

政府公信力与公众对地方政府的信任度直接相关，公众对地方政府的信任度可以反映地方政府的公信力强弱。公众对地方政府的信任度既反映了公众对政府机构及其工作人员的一种主观评价，也反映了公共政策和政府行为对公众的客观影响。关于如何评价地方政府公信力，学者们纷纷提出了不同的看法。张俊东将地方政府公信力的评价标准分为三类：与体制因素有关的评价标准、与管理因素有关的评价标准、与政府实力和绩效有关的评价标准，其中与体制因素有关的评价标准包括行政公开机制、政府责任机制、行政决策机制三个方面，与管理因素有关的评价标准包括政策的系统性和稳定性、行政执法的公平与公正、市场管理的规范性、政府承诺的履行和兑现、行政人员的道德品质等内容，与政府实力和绩效有关的评价标准包括地方政府财力和地方经济发展两个方面。[①] 舒小庆认为，可以具体从政府行为的法治化程度、政府官员的道德感与廉洁程度、政府政策的规范程度、政府民主化程度、政府工作的公开度等5个方面衡量一个政府的公信力。[②] 陈荟如则提出地方政府公信力评价应包含4个一级指标：制度公信力、体制公信力、执行公信力和人格公信力。在制度公信力方面，选取6个二级指标，分别为

[①] 张俊东：《地方政府公信力评估问题研究》，硕士学位论文，华中科技大学，2004。

[②] 舒小庆：《政府公信力：价值、指标体系及其实现途径——兼论我国诚信政府建设》，《南昌大学学报》（人文社会科学版）2008年第6期。

法规规章的完善程度、行政问责制度、失信惩罚制度、监督举报制度、公共危机预警制度以及突发事件应急制度；体制公信力方面涉及的指标主要有决策过程的参与程度、信息实体公开程度、行政程序公开程度、行政结果公开程度、地方政策与中央政策的衔接程度和地方政策的相对稳定性；执行公信力方面的主要指标包括执行过程中的依法程度、执行过程中的合理程度、执行过程中的公平公正程度、政策贯彻落实的时效性、执行的力度和执行过程中的高效程度；人格公信力方面的指标主要包括政府公职人员的服务态度、业务能力、勤政程度、廉洁自律的程度、道德素养和地方政府兑现承诺的程度。[①] 学者们的理论分析为研究和评价新型城镇化背景下的地方政府公信力提供了重要参考。但理论必须与实践相结合，评价地方政府公信力必须结合具体的研究对象——新型城镇化背景下的地方政府。因此，评价新型城镇化背景下的地方政府公信力应该包含主观和客观两个方面，既包括公众的认知程度和满足程度，又包括公共政策和政府行为的影响。公众的认知程度主要涉及公众对新型城镇化、地方政府机关基本职能和公民自身权利与义务的认知程度；公众的满足程度主要指公众对在新型城镇化过程中的基本诉求及其满足程度；公共政策的影响主要包括地方政府对中央政策贯彻落实程度、政府决策过程中的公民参与程度、政策的连续性和稳定性、政务信息的公开程度等；政府行为的影响主要指新型城镇化过程中行政行为的法治化程度、政府行为的公平公正程度、行政效率、地方政府对公众需求的回应性、地方政府对公众承诺的兑现程度以及公务人员的服务态度、业务能力、勤勉程度和廉洁程度。所以，在结合国内外文献分析的基础上，本书主要提出下列假设。

研究假设之一：公民对新型城镇化、地方政府机关基本职能和公民自身权利与义务的认知程度与其对地方政府公信力的评价相关。如果公民对这些问题有正确的认知，就会对地方政府公信力有积极的评价；如果公民对这些

---

① 陈荟如：《我国地方政府公信力评价指标体系的构建及应用研究》，硕士学位论文，苏州大学，2010。

问题没有正确的认知，就会对地方政府公信力有消极的评价或认为地方政府不真实可靠。

研究假设之二：公民在新型城镇化过程中的基本诉求的满足程度直接关系到其对政府的信任度。利益就是人们受客观规律制约的、为了满足生存和发展而产生的对于一定对象的各种客观需求。公民合理、正当的利益诉求应该依法得到保障。另外，随着社会经济发展和公民素质提高，公民对包括政治权利在内的正当权利也有基本诉求。在新型城镇化过程中，如果地方政府能够依法保障公民正当权益，公众就会对地方政府公信力有积极的评价，公民对地方政府的信任度就高，地方政府公信力就高；反之，公众就会对地方政府公信力有消极的评价，公民对地方政府的信任度就低，地方政府公信力就低。

研究假设之三：公共政策是影响地方政府公信力的重要因素。地方政府是执行中央方针、路线和政策以及制定地方性政策、与基层民众打交道最频繁、联系最紧密的公权力行使机构，其制定和执行的政策直接影响到公民权益。地方政府对中央政策贯彻落实程度、政府决策过程中的公民参与程度、政策的连续性和稳定性、政务信息的公开程度都是公众评价本地政府公信力的重要考量。如果地方政府对中央政策贯彻落实彻底、充分保障政府决策过程中的公民参与、保持地方政策的连续性和稳定性、政务信息公开程度高，公众对地方政府公信力的信任度就高，地方政府公信力就高；相反，地方政府对中央政策贯彻落实不彻底、没有依法保障政府决策过程中的公民参与、地方政策缺乏连续性和稳定性、政务信息不公开和不透明，公众对地方政府的信任度就低，地方政府公信力就低。

研究假设之四：地方政府行为和官员形象是影响地方政府公信力的重要因素。地方政府公信力的塑造要求政府必须是一个法治政府、民主政府、效率政府、廉洁政府和诚信政府，也就意味着地方政府在实施具体行政行为时必须依法进行，做到公平公正公开，讲求行政效率，重视和倾听民意，对民众的疑问甚至诘难及时做出回应，兑现政府承诺，保持政府的清正廉洁。如果地方政府能够做到这样，公众对地方政府的信任度就高，地方政府公信力就高；

反之，公众对地方政府的信任度就低，地方政府公信力就低。

研究假设之五：性别、年龄、职业、文化程度、政治面貌、居住地区这些背景变量对地方政府公信力均有一定的影响。由于受到各种因素和思想观念的影响，不同性别的公民对政治的关注程度和参与程度存在差异；不同年龄的人有不同的人生阅历和政治认知；不同职业、不同地区的公民与地方政府打交道的方式和频率不一样；不同文化程度的公民眼界视野、思考能力和对政治的关注程度不一样；不同政治身份的公民往往有不同的政治地位和政治经验，因而不同性别、年龄、职业、文化程度、政治面貌、居住地区的公民对地方政府公信力的评价存在差异，分析研究地方政府公信力不能忽略性别、年龄、职业、文化程度、政治面貌、居住地区这些因素。

第二节　抽样的主要程序和方法

本书对新型城镇化背景下的地方政府公信力状况进行调查时，主要采用多阶段抽样法（Multistage Sampling），多阶段抽样过程中又采用分层抽样法（Stratified Sampling）、定额抽样法（Quota Sampling）、简单随机抽样法（Simple Random Sampling）等方法。在全国不同省份抽取样本后，采用面访式调查方法，收集相关数据资料后运用一定的统计分析方法对数据资料进行统计分析。从本次调查的样本分布情况中可以看出，性别、年龄、职业、文化程度、政治面貌、居住地区等背景变量的分布都比较合理，说明本次调查的样本对于掌握和分析全国范围内新型城镇化背景下的地方政府公信力状况具有一定的参考性。

一　抽样与样本分布情况

本次调查的数据资料来源于 2016 年、2018 年 7~8 月、2019 年 1~2 月、2020 年 1~2 月，即笔者和汕头大学 20 多位具有一定社会调查经验的研究生寒暑假期间在全国开展的实证调查。调查的重点对象是农民和国家新型城镇化综合试点地区的居民，同时包括非国家新型城镇化综合试点地区的农民或居民。调查过程中主要采用多阶段抽样法，多阶段抽样过程中又采用分层抽样法、定额抽样法、简单随机抽样法等方法。在全国不同省份抽取样本后，采用问卷调查或面访式调查的方法收集相关数据资料，并运用相应的统计分析方法对数据资料进行统计分析。

多阶段抽样法又称多级抽样或分段抽样，它是指在抽取样本的时候，按照抽样个体的隶属关系或层次关系分为两个或两个以上阶段从总体中抽取样本的一种抽样方式。其具体操作过程是：第一阶段将总体划分为若干个一级抽样单位，从中抽选若干个一级抽样单位入样；第二阶段将入样的每个一级单位分成若干个二级抽样单位，从入样的每个一级单位中抽选若干个二级抽样单位入样。从集体抽样到个体抽样，分成若干阶段逐步地进行。本次调查根据调查员的籍贯和调查的便利程度，先在全国确定不同的省（直辖市、自治区），然后按省（直辖市、自治区）和县、市（区）分层，然后按城区、市郊、农村3个阶段抽样。第一阶段：省抽县、市（区）。各省（自治区、直辖市）按经济发展水平、是不是国家新型城镇化综合试点地区抽取县和县级市。第二阶段：在被抽中的县、市（区）内，以相同的方法抽取城区、市郊、农村。第三阶段：在被抽中的城区、市郊、农村中以相同方法抽选村民小组或居民小组。然后，对被抽中的村民小组或居民小组范围内的居民进行调查。

而本次调查在多阶段抽样过程中采用的比较重要的抽样方法是分层抽样法、简单随机抽样法和定额抽样法。分层抽样又称类型抽样，它是先将总体中的所有元素按某种特征或标志（如性别、年龄、职业或地域等）划分成若干类型或层次，然后再在各个类型或层次中采用简单随机抽样或系统抽样的办法抽取一个子样本，最后，将这些子样本合起来构成总体的样本。[①] 简单随机抽样又称纯随机抽样，是指从总体 N 个单位中任意抽取 n 个单位作为样本（N>n），使每个可能的样本被抽中的概率相等的一种抽样方式。本次新型城镇化背景下的地方政府公信力状况的调查采用了分层抽样法和简单

---

① 风笑天：《现代社会调查方法》，华中科技大学出版社，2009，第70页。

随机抽样法相结合的抽样方法。

定额抽样法（Quota Sampling）又称配额抽样，它是一种比偶遇抽样复杂一些的非概率抽样方法。进行定额抽样时，研究者要尽可能地依据那些有可能影响研究变量的各种因素来对总体分类，并找出具有各种不同特征的成员在总体中所占的比例。然后依据这种划分以及各类成员的比例采用偶遇抽样或判断抽样的方法去选择调查对象，使样本中的成员在上述各种因素、各种特征方面的构成及其在样本中的比例都尽量接近总体情形。如果把各种因素或各种特征看作不同的变数的话，那么，定额抽样实际上就是依据这些变数的组合。[①] 本次新型城镇化背景下的地方政府公信力状况的调查按照定额抽样法，首先按简单随机抽样法确定需要调查的地区，然后按照所抽取地区总人口的性别比例确定样本量。

本书的调查主要采取问卷调查的方式，受访的目标人群定位为 18 岁及以上的人，覆盖广东、河南、广西、四川、北京、安徽、湖北、吉林、福建、重庆、河北、山西、辽宁、江苏、浙江、江西、山东、湖南、贵州、云南、宁夏等全国 21 个省级行政区。另外，对广东省汕头市 J 区、揭阳市 J 区、茂名市 N 镇 S 村、江西省南昌市 G 区和南昌县 M 村、河南省洛阳市 J 区、河南省安阳市汤阴县 F 乡 W 村、河南省南阳市新野县 W 镇 T 村、安徽省亳州市蒙城县 D 村 X 庄、湖北省浠水县 Q 镇和 Z 村、湖北省广水市应山县 Y 镇、广西柳州市柳城县 D 镇、吉林省扶余市 G 镇 D 村、吉林省扶余市 G 镇 N 村等一些地区进行了面访式调查。共发放调查问卷 3600 份，最后共回收问卷 3068 份，回收率约 85%。根据研究需要，在进行变量操作化之前，我们剔除了那些缺损、遗漏、敷衍填写、重复填写、不认真填写等情况的问卷，最终获得有效样本 2615 个。本次调查结果只能反映调查问卷覆盖地区，所得结论不能推及全国。最终样本在性别、年龄、政治面貌、身份、受教育程度以及居住地区上的分布情况如表 3-1、表 3-2 所示：

---

① 风笑天：《现代社会调查方法》，华中科技大学出版社，2009，第 85 页。

表 3-1　样本的基本情况（N=2615）

背景变量	具体分类	频率	百分比（%）	背景变量	具体分类	频率	百分比（%）
性别	男	1343	51.4	年龄	35岁及以下	666	25.5
	女	1272	48.6		36~45岁	788	30.1
身份	工人	296	11.3		46~55岁	996	38.1
	农民	1450	55.4		56岁及以上	165	6.3
	企事业单位管理人员	183	7.0	政治面貌	中共党员	447	17.1
	公务员	171	6.5		民主党派	99	3.8
	专业技术人员	219	8.4		共青团员	171	6.5
	村（城市社区）干部	54	2.1		一般群众	1898	72.6
	离退休人员	45	1.7	受教育程度	研究生及以上	263	10.1
	无职业	84	3.2		大学（大专）	491	18.8
	其他	113	4.4		高中（中专）	666	25.5
					初中及以下	1195	45.6

表 3-2　居住地分布

		频率	百分比(%)	有效百分比(%)	累积百分比(%)
有效	城市	696	26.6	26.6	26.6
	农村	1389	53.1	53.1	79.7
	城乡接合部	530	20.3	20.3	100.0
	合计	2615	100.0	100.0	

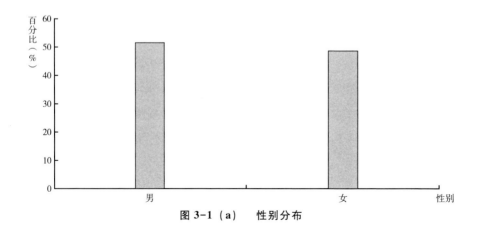

图 3-1（a）　性别分布

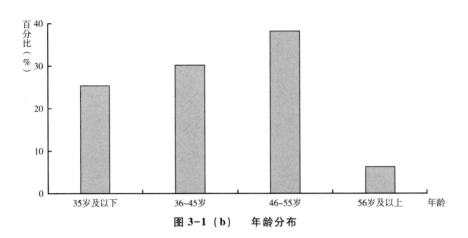

图 3-1（b）　年龄分布

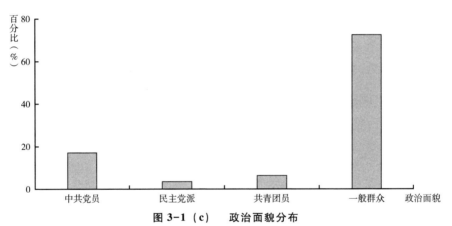

图 3-1（c）　政治面貌分布

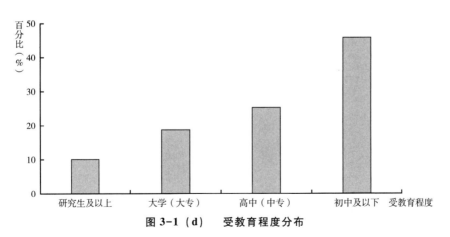

图 3-1（d）　受教育程度分布

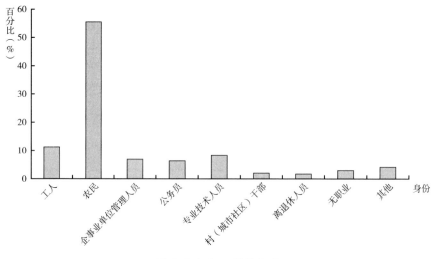

图 3-1（e） 身份分布

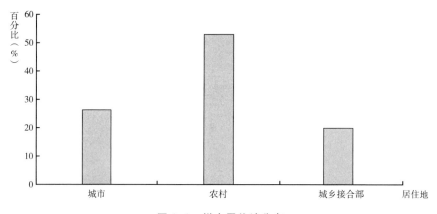

图 3-2 样本居住地分布

从图 3-1（a）中可以看出，本次调查中男性人数占总人数的 51.4%；
女性人数占总人数的 48.6%，样本的性别比例与 2015 年全国人口抽样调查
的性别比例（男性人口占 51.22%，女性人口占 48.78%）比较接近。由于
本次调查的重点是农村，从图 3-2 中可以看出，居住在农村的人口占比
53.1%，居住在城乡接合部的人口占比 20.3%，两者加起来占比 73.4%，根

据调查的需要，包括年龄、政治面貌、身份、受教育程度以及居住地区在内的背景变量分布也比较合理，因此本次调查的样本一定程度上能反映本书想要探讨的问题。

二 调查问卷的编制

（一）调查问卷编制步骤

第一步，拟定问卷大纲。在研究、分析政府公信力评价标准或指标的相关文献资料基础上，根据本书研究的需要拟定调查内容编制问卷大纲。

第二步，设计具体研究题目。根据问卷大纲，详细设计研究题目，拟定问卷初稿。

第三步，专家咨询。问卷初稿确定后，请相关专家针对问卷初稿内容提出意见和建议，然后根据专家意见和建议对问卷初稿修改完善。

第四步，进行预调查。共发放 120 份问卷进行预调查，问卷回收后，进行信度效度分析，作为最终编制正式调查问卷的参考依据。

第五步，编制正式调查问卷。根据预调查的结果，对问卷初稿进一步修改完善，确定最后的正式问卷。

（二）问题和量表尺度

本书在进行新型城镇化背景下的地方政府公信力状况调查时，问卷格式采用"封闭式"（Close-ended）设计，问卷主要是由单项选择式问题与多项选择式问题组成。单项选择题主要采用李克特量表（Likert scaling）和总加量表（summated rating scales）表示。总加量表也称为总和量表或总全评量，它由一组反映人们对事物的态度或看法的陈述构成，回答者分别对这些陈述发表意见，根据回答者同意或不同意分别计分，然后将回答者在全部陈述上的得分加起来，就得到了该回答者对这一事物或现象的态度的得分。这个分数是其态度的量化结果，它的高低就代表了个人在态度量表上的位置。[1] 李克特量表是总加量表的一种特定形式，也是社会调查问卷中用得最多的一种

---

[1] 风笑天：《现代社会调查方法》，华中科技大学出版社，2009，第 111 页。

量表形式。它是由美国社会心理学家李克特（R. A. Likert）于1932年在原有的总加量表基础上改进制作的。李克特量表也由一组对某事物的态度或看法的陈述组成，与前述总加量表不同的是，回答者对这些陈述的回答不是被简单地分成"同意"和"不同意"两类，而是被分成"非常同意、同意、不知道、不同意、非常不同意"或者"赞成、比较赞成、无所谓、比较反对、反对"五类。由于答案类型增多，人们在态度上的差别就能更清楚地反映出来。① 根据研究的需要，本书采用的调查表在设计上采用李克特五点式量表来测量公众在新型城镇化过程中对基本诉求的满足程度以及对地方政府的信任度，采用总加量表来测量影响地方政府公信力的因素。

（三）问题的形式与计分

调查问卷中的问题大部分以单项选择题的形式出现，少部分以多项选择题的形式出现，单项选择题要求被调查者看清题意，在不受到外来影响的情况下选择一个合适的答案，多项选择题要求被调查者看清题意，在不受到外来影响的情况下选择几个合适的答案。本次调查中的单项选择题主要是李克特量表，要求被调查者在诸如"很满意、比较满意、一般、不太满意、很不满意"或"非常好、比较好、一般、比较差、非常差"或"非常信任、信任、基本信任、不信任、非常不信任"这类的五个选项中选出一个合适的答案。在量表的计分方面，围绕要测量问题的态度倾向要采用不同的赋值方式。如在设计"您对地方政府对公众需求的回应性满意吗？"这一问题的回答时，按照5＝很满意、4＝比较满意、3＝一般、2＝不太满意、1＝很不满意来赋值。按照这种赋值方式，一个回答者在该量表上的得分越高，表明他（她）的态度越倾向于满意。在对"影响地方政府公信力的主要原因""提高地方政府公信力的措施"等问题进行测量时采用总加量表，测量公众对地方政府公信力的影响因素和提高地方政府公信力措施的态度和看法，问题由多个陈述句构成，每一个陈述句后都有两种答案。回答"是"计1分；回答"否"计0分。

① 风笑天：《现代社会调查方法》，华中科技大学出版社，2009，第112页。

三　信度和效度

信度（Reliability）即可靠性，它指的是采取同样的方法对同一对象重复选量时所得结果相一致的程度。换句话说，信度是指测量结果的一致性或稳定性，即测量工具能否稳定地测量所测的事物或变量。比如，用同一台磅秤去称某一物体的重量，如果称了几次都得到相同的结果，则可以说这台磅秤的信度很高；如果几次测量的结果互不相同，则可以说它的信度很低，或者说这一测量工具是不可信的。[①] 评定测量工具信度的方法有很多，常用的有内部一致性信度、复本信度、重测信度和折半信度等。通常使用相关系数（R）来估算测量工具的信度。若 R = 1.00，则表明测量结果完全可信、可靠；若 R = 0.00，则表明测量结果完全不可信、不可靠。

在李克特量表法中常用的信度检验方法为 Cronbach 系数，其计算公式为：

$$a = \frac{k}{k-1}\left(1 - \frac{\sum S_i^2}{S^2}\right)$$

其中 k 为量表包含的总题数，$\sum S_i^2$ 为量表题项的方差总和，S_i 为第 i 个题项的标准差，S_i^2 为第 i 个题项的方差，S 是量表题项加总后的标准差，S^2 为量表题项加总后的总方差。Cronbach 的 a 值通常处于 0 和 1 之间，如果 Cronbach 的 a 值越接近 1，则表示问卷的信度越高，一个量表的信度越高则表示该量表越稳定。罗伯特·德威利斯（Robert F. Devellis）认为，a 值在 0.8 到 0.9 之间是非常理想的，a 值在 0.7 到 0.8 之间属于比较好，a 值在 0.65 到 0.70 之间是可接受的最小范围，a 值最好不要小于 0.65。[②] 依据这种原则，本研究运用 Cronbach 内部一致性系数对测量项目进行分层面信度检验及整体信度检验（如表 3-3、表 3-4、表 3-5、表 3-6 所示）。

结果表明，所有评估指标的 a 值都达到了 0.7 以上，公共政策和地方政

① 风笑天：《现代社会调查方法》，华中科技大学出版社，2009，第 116 页。
② Robert F. DeVellis, *Scale Development: Theory and Apllications*, London: Sage, 1991, p. 178.

府行为影响度量表的 a 值和所有测量题项的整体 a 值都超过了 0.8，说明该量表内部结构是基本一致的，检验结果比较理想。

表 3-3 可靠性统计量一

Cronbach's Alpha	基于标准化项的 Cronbachs Alpha	项数
0.763	0.775	4

由表 3-3 可知，公众对新型城镇化、地方政府机关基本职能和对自身权利与义务的认知程度量表的 a 值为 0.763，标准 a 值为 0.775，说明量表的内部一致性很好，信度比较高。

表 3-4 可靠性统计量二

Cronbach's Alpha	基于标准化项的 Cronbachs Alpha	项数
0.870	0.869	15

由表 3-4 可知，公共政策和地方政府行为影响度量表的 a 值为 0.870，标准 a 值为 0.869，说明量表的内部一致性很好，信度很高。

表 3-5 可靠性统计量三

Cronbach's Alpha	基于标准化项的 Cronbachs Alpha	项数
0.804	0.806	3

由表 3-5 可知，公众对地方政府公信力总体评价的 a 值和标准 a 值分别为 0.804 和 0.806，表明该量表各测量题项的内部一致性比较好，信度较高，符合研究要求。

表 3-6 可靠性统计量四

Cronbach's Alpha	基于标准化项的 Cronbachs Alpha	项数
0.822	0.813	72

由表 3-6 可知，所有测量题项的整体 a 值和标准 a 值分别为 0.822 和 0.813，反映出整体量表各测量题项的内部一致性比较好，信度很高，符合研究要求。

测量的效度（Validity）也称为测量的有效度或准确度。它是指测量工具或测量手段能够准确测出所要测量的变量的程度，或者说能够准确、真实地度量事物属性的程度。我们也可以说效度指的是测量标准或所用的指标能够如实反映某一概念真正含义的程度。当一项测量测的正是它希望测量的事物时，我们就说这一测量具有效度，或者说它是一项有效的测量，反之则称为无效的测量或者测量不具有效度。① 根据研究目的的不同，可以采取不同的效度检验方法。常用的效度检验方法有表面效度、准则效度、内容效度等。

表面效度（Face Validity）是指研究工具测试的内容从表面上看起来与其想要测量的内容相似，由外行对测量指标做表面上的检查确定。本书在进行调查问卷设计时，根据被调查者不同的文化程度和知识背景，尽量采用明确、简短、通俗易懂的语言形式表达，让所有被调查者能够迅速理解题意，做出合适的选择，从而保证测量工具的表面效度。

准则效度（Criterion Validity）又称为效标效度或预测效度。准则效度是指量表得到的数据和其他被选择的变量（准则变量）的值相比是否有意义。准则效度分析是根据已经确定的某种理论，选择一种指标或测量工具作为准则（效标），分析问卷题项与准则的联系，若二者相关性显著，或者问卷题项对准则的不同取值、特性表现出显著差异，则为有效的题项。本书在进行调查问卷设计时，尽可能地多采用公认的、已往研究使用过的测量指标，从而确保问卷调查中主要测量指标的准则效度。

内容效度（Content Validity）又称逻辑效度，是指一套测量指标是否测量了应该测量的内容或者说测量内容是否反映了测量的要求，即测量的代表性和覆盖面的程度。笔者在进行调查问卷设计时，请教了本校商学院和公共

---

① 风笑天：《现代社会调查方法》，华中科技大学出版社，2009，第 117 页。

管理学院的几位专家学者，请他们对调查问卷初稿提出意见和建议，然后按照专家的意见和建议进行必要的修改。接着，在汕头市相关地区发放了调查问卷进行预调查，让研究生把调查反馈的信息整理出来，根据调查反馈的信息进一步从内容和形式上修改完善调查问卷，从而保证调查问卷的内容效度。

第三节　研究变量及其测量

一　背景变量

本书以性别、年龄、受教育程度、政治面貌、身份、居住地区这些受访者的背景变量为控制变量，以新型城镇化背景下地方政府公信力为因变量，考察不同的控制变量对因变量的影响。

（1）性别：本书的调查将性别分为男、女两类，以考察男性和女性对新型城镇化背景下地方政府公信力的评价是否存在显著差异。

（2）年龄：本书的调查选取年龄为18周岁及以上的人为研究对象，最后根据调查问卷统计后的实际年龄段来探讨不同年龄段的人对新型城镇化背景下地方政府公信力的评价是否存在显著差异。

（3）受教育程度：本书的调查将受教育程度分为研究生及以上、大学（大专）、高中（中专）、初中及以下学历共四类，以分析不同受教育程度的人对新型城镇化背景下地方政府公信力的评价是否存在显著差别。

（4）政治面貌：本书的调查将政治面貌分为中共党员、民主党派、共青团员与一般群众四类，以分析政治面貌不同的人对新型城镇化背景下地方政府公信力的评价是否存在显著差异。

（5）身份：本书的调查按照一般的职业身份划分的方法，将身份划分为工人、农民、企事业单位管理人员、公务员、专业技术人员、村（城市社区）干部、离退休人员、无职业、其他人员共九类，以分析职业身份不同的人对新型城镇化背景下地方政府公信力的评价是否存在显著差别。

（6）居住地区：本书的调查将居住地区分为城市、农村和城乡接合部三类，以分析居住在不同地区的人对新型城镇化背景下地方政府公信力的评价是否存在显著差异。

二　公众政治认知变量及其测量

政治认知是指公众基于以往的政治知识和经验对政治事件、政治人物、政治活动及其规律等各种政治现象的认识、理解和判断。它是一个政治主体、客体及环境等因素相互作用的心理过程。本书对公民政治认知的测量参照了加布里埃尔·A. 阿尔蒙德和西德尼·维巴 1989 年的公民文化测量问卷，围绕新型城镇化背景下地方政府公信力这一主题，在结构式调研的基础上对公众政治认知指标进行设计，将公众政治认知分解为以下维度来测量：以单项选择题 Q7 测量公众对新型城镇化建设的态度和评价；以多项选择题 Q8 来测量公众对地方政府机关在推进新型城镇化建设中作用的认知；以单项选择题 Q9 来测量公众对地方政府机关基本职能和管理职责的认知；以单项选择题 Q10 来测量公众对地方政府机关在推进新型城镇化建设中扮演的角色和承担的责任的认知；以单项选择题 Q11 来测量公众对自己在推进新型城镇化建设中的权利和义务的认知；以单项选择题 Q25、Q26 测量公众对政治参与的态度和反应。

三　地方政府公信力变量及其测量

政府公信力是政府在公众中的影响力、感召力和权威性，它是政府行政能力的客观结果，也是公众对政府的评价，反映了公众对政府的满意度和信任度。一般对政府公信力的测量就是测量公众对政府的满意度和信任度。本书中对公民对地方政府公信力的测量参照美国全国选举调查（ANES）的政府信任量表（Trust in Government Scale，1964）、米勒（Miller）和尤卡姆（Jukam）的政府信任量表（Trust in Government Scale，1977）、马耶（Mayer）等人的政府信任量表（Trust in Government Scale，1995）以及杰瑞米·波普（Jeremy Pop）的国家诚信系统评价指标（2000）和经济合作与发展组织（OECD）的公共部门诚信框架（2005），围绕研究主题，通过结构式调研对一些政府信任评价指标进行了修正，最后确定本书调查采用的政府信任量表。这个政府信任量表主要采用李克特量表的形式，使用五点法即"很满意、比较满意、一般、不太满意、很不满意"、"非常好、比较好、一般、比较差、非常差"或"非常信任、信任、基本信任、不信任、非常不信任"等形式来测量公众对地方政府公信力的评价等。如单项选择题 Q16 至 Q22、Q27 至 Q30、Q34 至 Q36 既有对地方政府的行政效率、诚信状况、信息公开、公共政策、政府回应、执法公正性等具体的评价，也有总体评价，其目的是考察公众对地方政府公信力的评价前后的一致性，也可以检验调查问卷的信度。

四　其他部分的选择题说明

除了公众背景变量、公众政治认知变量与地方政府公信力变量之外，调查问卷中还设计了一些选择项目，这些选择项目是根据研究假设进行设计的，它被认为是有必要的、能对研究分析和研究结论有所帮助的题目，如调查问卷中第三部分的 Q12-Q15。

第四节　问卷数据分析的主要统计方法

本书对主要采用 SPSS Statistics 25.0 统计软件调查的数据进行统计分析，所采用的多元统计分析方法简要说明如下。

（1）描述性统计（Descriptive Statistics），它是通过图表或数学方法对问卷调查的数据资料进行整理、分析，并对数据的分布状态、数字特征和随机变量之间的关系进行估计和描述的方法。描述统计分为三大部分：集中趋势分析（Central Tendency Analysis）、离中趋势分析（Divergence Tendency Analysis）以及相关分析（Correlation Analysis）。集中趋势分析主要靠平均数、中数、众数等统计指标来表示调查数据的集中趋势。离中趋势分析主要靠全距、四分差、平均差、方差、标准差等统计指标来研究调查数据的离中趋势。相关分析是探讨不同调查数据之间是否具有统计学上的关联性。这种关系既包括两个调查数据之间的单一相关关系，也包括多个调查数据之间的多重相关关系；既包括 A 大 B 就大（小），A 小 B 就小（大）的直线相关关系，也可以是复杂相关关系（A=Y-B*X）；既可以是 A、B 变量同时增大这种正相关关系，也可以是 A 变量增大时 B 变量减小这种负相关关系，还包括两个变量共同变化的紧密程度，即相关系数。本书中的描述性统计主要用于分析受访者的背景资料以及各数据资料之间的相关性。

（2）交互分析（Crosstabulation Analysis），它是社会调查研究中的重要方法之一，用于研究两个定类变量之间的关系。此种方法是通过两个定类变量的交互汇总计算出它们的对应关系，包括交互的频次、百分比、总百分比、卡方检验值以及两个变量的相关系数等。本书中的交互分析主要是用于分析公众对政治的认知现状及其对新型城镇化背景下地方政府公信力的评价的影响，判断二者之间的关联性是否显著。

（3）方差分析（Analysis of Variance），即变量分析，是对多个样本平均数差异显著性检验的方法。方差分析主要用于：①均数差别的显著性检验；②分离各有关因素并估计其对总变异的作用；③分析因素间的交互作用；④方差齐性检验。根据资料设计类型的不同，方差分析可以分为两种：一是对成组设计的多个样本均值比较，应采用完全随机设计的方差分析，即单因素方差分析；二是对随机区组设计的多个样本均值比较，应采用配伍组设计的方差分析，即两因素方差分析。整个方差分析的基本步骤是：第一步，建立检验假设；H0：多个样本总体均值相等；H1：多个样本总体均值不相等或不全等。检验水准为 0.05。第二步，计算检验统计量 F 值。第三步，确定 P 值并做出推断结果。本书主要运用此方法分析不同的观测变量和控制变量是否对新型城镇化背景下地方政府公信力的评价带来显著影响。

（4）因子分析（Factor Analysis），该方法是从研究变量内部相关的依赖关系出发，把一些具有错综复杂关系的变量归结为少数几个综合因子的一种多变量统计分析方法。也就是将相关比较密切的几个变量归在同一类中，每一类变量就成为一个因子，以较少的几个因子反映原始资料的大部分信息。本书运用这种研究方法分析判断新型城镇化背景下地方政府公信力的主要影响因素是哪些，以及它们的影响力。

（5）回归分析（Regression Analysis），这是确定两种或两种以上变量间相互依赖的定量关系的一种统计分析方法。回归分析按照涉及变量的多少分为一元回归和多元回归分析；按照因变量的多少可分为简单回归分析和多重回归分析；按照自变量和因变量之间的关系类型，可分为线性回归分析和非线性回归分析。多元线性回归是分析一个随机变量与多个变量之间线性关系的最常用的统计方法。多元线性回归可表示为 $Y = a + b_1 X + b_2 X_2 + \varepsilon$，其中 a 表示截距，b 表示直线的斜率，$\varepsilon$ 是误差项。随机误差满足正态分布假设，无偏性假设，同方差假设，独立性假设。多元线性回归中的参数通过最小二乘法进行估计，选择合适的参数使残差平方和最小。本研究主要以地方政府公信力为因变量，以各影响因素为自变量做多元线性回归。当因变量只有"是"与"否"即 1 与 0 "二分"数值时，就应当采用二元 logistic 回归分析（Binary Logistic Regression）。本书研究"影响地方政府公信力的因素"部分就是通过该回归方法进行分析的。

第四章
新型城镇化背景下地方政府
公信力的现状剖析

推进新型城镇化建设，努力实现城乡一体化是中国解决三农问题的关键，也是关系到中国现代化全局和经济社会健康发展的战略性问题。地方政府作为推进新型城镇化建设的非常重要的力量，其公信力的高低不仅关系到政府的合法性与整个社会诚信和道德建设，也事关新型城镇化建设和乡村振兴战略的大局。新型城镇化建设对提升地方政府公信力有积极有利的一面，也有消极不利的一面。因为新型城镇化能够促使地方政府改善公共服务，提高政府绩效，给普通民众带来政治、经济上的实惠，有利于提升政府公信力；但同时，新型城镇化也可能使地方政府在农村土地流转、城市棚户区拆迁、农村公共品供给和农村环境污染治理等领域与民众产生新的矛盾冲突，如果处理不当，则可能导致政府公信力受损。为进一步提升地方政府公信力，必须通过实证调研，全面了解新型城镇化背景下地方政府公信力的现状。

第一节　农村土地征收中的地方政府公信力现状分析

土地征收是国家依据城市建设以及公益事业的需要，将农村集体土地转为国有土地，并依法给予土地被征收的农民集体和个人合理补偿及妥善安置的行为。土地征收的主体是政府，但它必须依照法律规定的程序和批准权限，由被征收土地所在地的市、县（区）级人民政府予以公告并组织实施。征地的补偿费用主要包括土地补偿费、安置补助费、地上附着物补偿费和青苗补偿费。在土地征收过程中，地方政府应该按照中央政府的要求和法律规定，保障农民的合法权益，否则就会损害政府公信力。

本次调查发现，当问到"您最关心当地政府在新型城镇化过程中征地的哪些问题"时，36.4%的受访者回答是"征地补偿"，27.0%的受访者回答是"征地后的安置"，18.9%的受访者回答是"征地的合法性"，17.7%的受访者回答是"被征地者的维权渠道"（见图4-1）。这说明农村土地征收中农民最关心的问题是"征地补偿"和"征地后的安置"问题。

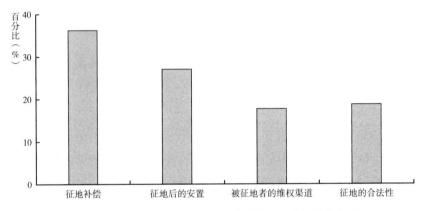

图4-1　最关心当地政府在新型城镇化过程中征地的问题

当问到"若您的土地被征收，您想得到何种形式的补偿"时，35.8%的受访者回答是"提供一次性土地补偿金"，23.3%的受访者回答是"提供就业安置"，16.5%的受访者回答是"提供与城市人一样的社会保障"，10.8%的受访者回答是"提供致富方面信息"，6.7%的受访者回答是"提供就业技能培训"，5.1%的受访者回答是"提供小额优惠贷款"，1.8%的受访者回答是"其他"（见图4-2）。这说明在农村土地征收中，多数受访者希望得到的补偿形式依次是"提供一次性土地补偿金""提供就业安置"和"提供与城市人一样的社会保障"。

在土地被征收后，公众最关心的问题和最希望得到的补偿形式直接反映了他们最基本的权利诉求，如果这些权利诉求能够得到合理满足，必然有助于提高地方政府公信力。

但当问到"您对现有的国家征地补偿标准是否满意"时，只有12.8%

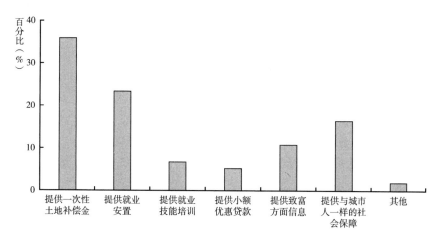

图 4-2　被征地后想得到的补偿形式

的受访者回答是"很满意"，31.4%的受访者回答是"比较满意"，而回答"不太满意"的受访者比例达到32.7%，回答"不满意"的受访者比例达到9.0%，还有14.1%的受访者回答是"不知道"（见图4-3）。这说明对于国家征地补偿标准有44.2%的受访者是满意的，但除了一些不了解国家征地补偿标准的受访者外，仍有相当一部分受访者认为国家征地补偿标准过低。

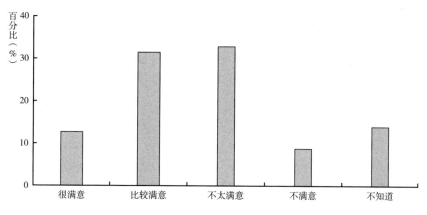

图 4-3　是否满意国家征地补偿标准

当问到"您认为地方政府在发放土地补偿金时有没有按照国家法律政策足额发放"时，10.8%的受访者回答是"肯定有"，36.7%的受访者回答是

"可能有"，27.1%的受访者回答是"没有"，25.4%的受访者回答是"不知道"（见图4-4）。这直接反映了在土地征收中公众对地方政府的信任度，27.1%的受访者对地方政府持不信任的态度，36.7%的受访者将信将疑。

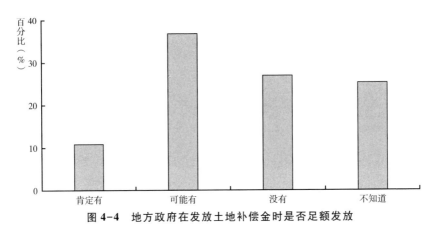

图4-4 地方政府在发放土地补偿金时是否足额发放

第二节 棚户区改造中的地方政府公信力现状分析

棚户区改造是指政府为了改善棚户区内居民的居住、生活条件，由政府实施并予以开发商一定的优惠政策，为居民重置重建居住区的惠民工程。棚户区改造有助于改善群众的居住条件，兼顾完善城市功能、改善城市环境。在棚户区改造过程中，地方政府如果能够妥善处理好棚户区内居民的安置补偿问题，就一定能够密切政府与群众的联系，增进感情，大大提高地方政府公信力；反之，则会损害地方政府公信力。

我们调查发现，当问到"在棚户区改造过程中您最关心的问题"时，32.3%的受访者回答是"拆迁补偿标准"，27.8%的受访者回答是"拆迁后的安置"，16.6%的受访者回答是"拆迁合法性"，14.2%的受访者回答是"棚户区的改造目标和配套设施建设"，9.1%的受访者回答是"被拆迁者的维权渠道"（见图4-5）。这说明在棚户区改造过程中，受访者最关心的问题是"拆迁补偿标准"和"拆迁后的安置"问题。

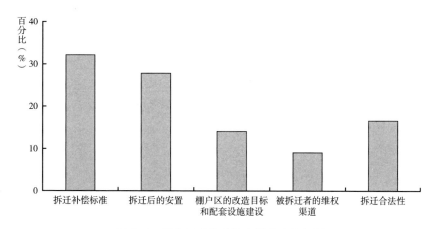

图 4-5　棚户区改造过程中最关心的问题

当问到"您认为地方政府在发放拆迁补偿金时有没有按照国家法律政策足额发放"时，16.0%的受访者回答是"肯定有"，37.0%的受访者回答是"可能有"，22.3%的受访者回答是"没有"，24.7%的受访者回答是"不知道"（见图4-6）。这直接反映了在房屋拆迁中受访者对地方政府的信任度，22.3%的受访者对地方政府持不信任的态度，37%的受访者将信将疑。

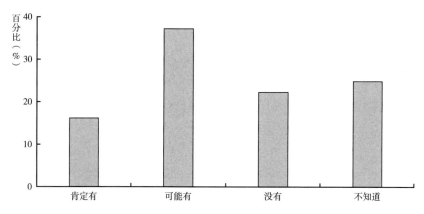

图 4-6　地方政府在发放拆迁补偿金时是否足额发放

第三节 公共品供给过程中的地方政府公信力现状分析

公共品供给是地方政府的基本职能。良好的基础设施和公共品供给既能保证地区经济健康、持续地发展，又能给公众提供工作和生活的便利，增加群众的幸福感，从而提高地方政府公信力。如果一个地方政府对公共品供给和公共服务的重视程度不够，导致供水、供电、通信、广电等公共基础设施落后，公共服务水平低，公众就难以较好地享受新型城镇化建设给他们带来的实惠和成果，从而影响公众对地方政府的信任、支持和拥护，有损政府公信力。

我们调查发现，当问到受访者"您认为推进城镇化建设的地方政府应该在哪些方面发挥积极作用"时，69.5%的受访者认为"地方政府应该在公共设施建设方面发挥积极作用"（见图 4-7）。这说明受访者希望在推进新型城镇化建设中地方政府能够有所作为，不断提供高水平高质量的公共产品和公共服务。

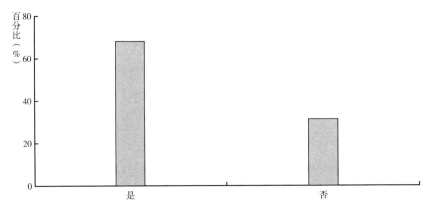

图 4-7 对地方政府是否应该在公共设施建设方面发挥积极作用的态度

当问到受访者"您对本地包括供水、供电、供气和其他基础设施在内的公共产品供给的基本状况的评价"时，3.6%的受访者回答是"很满意"，24.5%的受访者回答是"比较满意"，33.8%的受访者回答是"一般"，

28.7%的受访者回答是"不太满意"，9.4%的受访者回答是"很不满意"（见图4-8）。这说明相当一部分受访者认为地方政府在公共品供给和公共服务方面没有充分发挥应有的作用，对地方政府持不满意、不信任的态度。

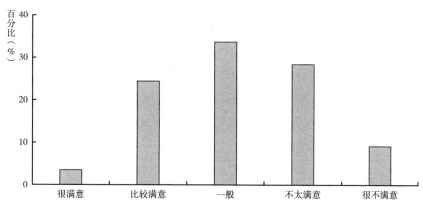

图4-8　对本地公共产品供给的评价

第四节　环境污染治理过程中的地方政府公信力现状分析

政府作为环境保护的主要责任主体，其履行环境责任情况的优劣，直接关系到环境质量的好坏。《中华人民共和国环境保护法》明确规定："地方各级人民政府，应当对本辖区的环境质量负责，采取措施改善环境质量。"在新型城镇化建设中，一些地方政府为追求政绩，往往在环境保护、污染治理方面不作为、乱作为，导致生态环境恶化，严重影响本地区民众的身心健康，损害地方政府形象和公信力。

我们调查发现，当问到受访者"您认为推进新型城镇化建设的地方政府应该在哪些方面发挥积极作用"时，70.2%的受访者认为"地方政府应该在环境保护和污染治理方面发挥积极作用"。这说明大部分受访者要求政府保护环境、提供更多优质生态产品的呼声日益高涨。地方政府只有把环境保护和污染治理当成一项重要的民生工程来抓，加大环境保护和污染治理的力度，才能更好地满足人民日益增长的对优美生态环境的需要。

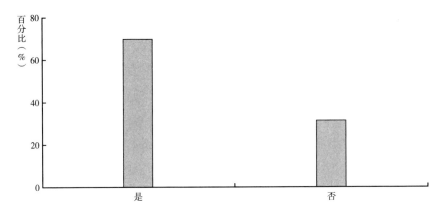

图4-9 对地方政府是否应该在环境保护和污染治理方面发挥积极作用的态度

当问到"在环境保护和污染治理方面，您对地方政府的看法"时，2.2%的公民回答是"很满意"，14.5%的受访者回答是"比较满意"，33.9%的公民回答是"一般"，37.4%的受访者回答是"不太满意"，12%的受访者回答是"很不满意"（见图4-10）。这说明在环境保护和污染治理方面，不少受访者对地方政府持不满意、不信任的态度。这也反映了一些地方政府在环境保护和污染治理方面工作不力，与公众的期待存在较大差距。

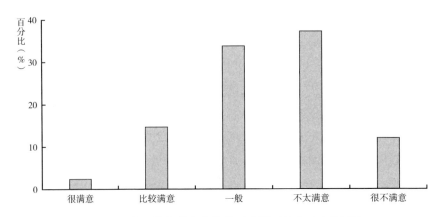

图4-10 在环境保护和污染治理方面对地方政府的看法

第五节　新型城镇化背景下地方政府
公信力现状的整体分析

在新型城镇化建设中，地方政府制定的每一项政策和实施的每一个具体行政行为都可能会给公民权益带来较大的影响。为全面了解新型城镇化背景下地方政府公信力整体现状，我们重点从政府承诺、执法公正性、政策的连续性和稳定性、公民参与、政府回应、政务信息公开、行政效率、政府廉洁等几个方面对地方政府公信力进行考察。

我们调查发现，当问到"您对地方政府在管理公共事务和提供公共服务过程中做出的承诺是否满意"时，7.0%的受访者回答是"很满意"，18.6%的受访者回答是"比较满意"，46.1%的受访者回答是"一般"，17.3%的受访者回答是"不太满意"，11.0%的受访者回答是"很不满意"。这说明有28.3%的受访者认为地方政府不信守承诺，在管理公共事务和提供公共服务过程中做出的承诺没有兑现或没有完全兑现，因而对地方政府不信任。

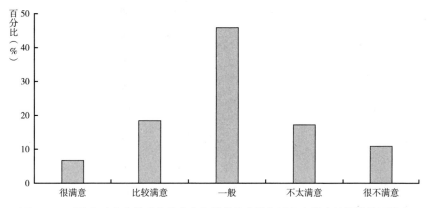

图 4-11　对地方政府在管理公共事务和提供公共服务过程中做出的承诺是否满意

当问到"您对地方政府行政执法的公正性是否满意"时，5.3%的受访者回答是"很满意"，24.6%的受访者回答是"比较满意"，42.8%的受访者回答是"一般"，22.3%的受访者回答是"不太满意"，5%的受访者回答是"很不满意"

（见图 4-12）。这说明有 27.3% 的受访者认为地方政府在行政执法过程中存在不公平、不公正的现象，对地方政府能否公正执法持怀疑态度。

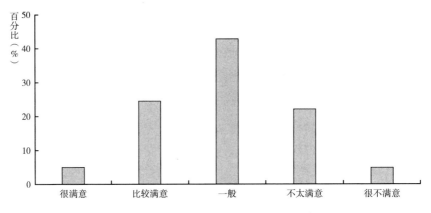

图 4-12　对行政执法的公正性是否满意

当问到"您对地方政府政策制定的稳定性、连续性是否满意"时，3.4% 的受访者回答是"很满意"，24.2% 的受访者回答是"比较满意"，47.1% 的受访者回答是"一般"，19.8% 的受访者回答是"不太满意"，5.5% 的受访者回答是"很不满意"（见图 4-13）。这说明有 25.3% 的受访者认为地方政府政策多变或新官不理旧账，从而降低了地方政府在公众中的公信力。

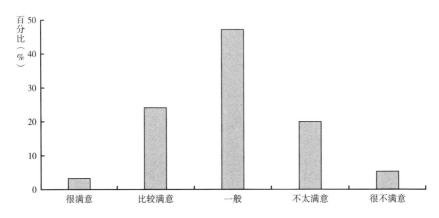

图 4-13　对政府制定政策的稳定性和连续性是否满意

当问到"您对地方政府政务公开的透明性是否满意"时，7.7%的受访者回答是"很满意"，26.4%的受访者回答是"比较满意"，35.2%的受访者回答是"一般"，22%的受访者回答是"不太满意"，8.7%的受访者回答是"很不满意"。这说明有相当一部分受访者对地方政府政务公开的透明性不满意，地方政府对政务公开的漫不经心和形式主义降低了地方政府公信力。

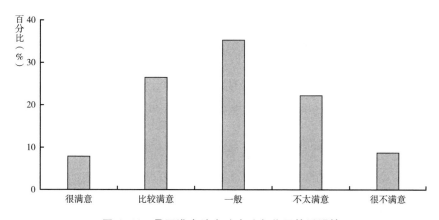

图4-14　是否满意地方政府政务公开的透明性

受访者认为地方政府缺乏透明性还在于公民参与政府决策的力度不够。当问到"您是否被地方政府邀请参加本地重大事情的决策"时，12%的受访者回答是"经常被邀请"，31.7%的受访者回答是"偶尔被邀请"，56.3%的受访者回答是"从未被邀请"。这说明地方政府进行决策时，公众参与度不高，其结果必然会导致一些人对地方政府的政策和行政行为不理解、不信任和不支持。

当问到"您对地方政府对公众需求的回应性是否满意"时，6.5%的受访者回答是"很满意"，17%的受访者回答是"比较满意"，45.4%的受访者回答是"一般"，26.2%的受访者回答是"不太满意"，4.9%的受访者回答是"很不满意"。这说明有不少受访者对地方政府的回应能力和态度不满意，而政府回应的缺失必然导致地方政府公信力下降。现实中部分政务网站与公众互动交流较差，存在"回复慢、不回复、不认真回复"的现象，就反映出地方政府对公众需求的回应存在一些问题。

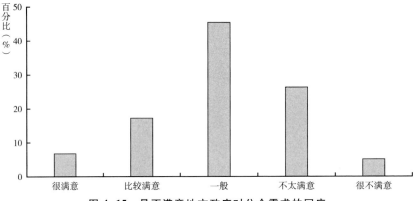

图 4-15　是否满意地方政府对公众需求的回应

当问到"您对地方政府工作人员办事效率的评价"时，8.8%的受访者回答是"非常好"，21%的受访者回答是"比较好"，38.4%的受访者回答是"一般"，25.9%的受访者回答是"比较差"，4.9%的受访者回答是"非常差"，1%的受访者回答是"不清楚"。这说明相当一部分受访者对地方政府工作人员的办事效率不满意，一些政府工作人员办事拖沓或不作为都会损害政府公信力。

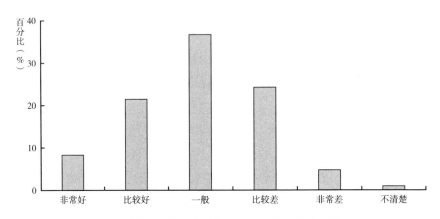

图 4-16　对地方政府工作人员办事效率的评价

当问到"您对现在所在地区的地方政府工作人员的工作质量、服务水平、清廉程度的总体评价"时，7.7%的受访者回答是"非常好"，26.5%的受访者回答是"比较好"，42.5%的受访者回答是"一般"，15%的受访者回答是"比较差"，4.9%的受访者回答是"非常差"，3.4%的受访者回答是"不清楚"。这说明有34.2%的受访者从总体上认可地方政府工作人员的工作质量、服务水平，相信政府工作人员是清廉的；但也有一些受访者表示不认可。

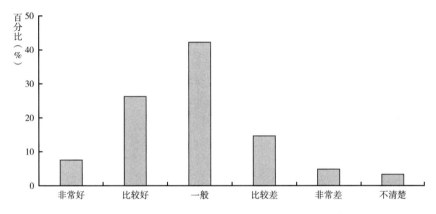

图 4-17　对所在地区地方政府工作人员的工作质量、服务水平、清廉程度的总体评价

当问到"您对地方政府公信力的总体评价"时，6%的受访者回答是"非常信任"，26%的受访者回答是"信任"，40.2%的受访者回答是"基本信任"，24.1%的受访者回答是"不信任"，3.7%的受访者回答是"非常不信任"（见表4-1、图4-19）。前三项加起来的比例达到72.2%，这说明绝大部分受访者认为地方政府是值得信任的或基本值得信任。这也反映了党的十八大以来，中央反腐给地方政治生态带来的积极变化，地方政府公信力呈现不断提高的趋势。在调查中我们发现，绝大部分受访者认为中央高压反腐以来，地方政府工作人员的工作质量、服务水平、清廉程度较之以前发生了积极变化，并且相当一部分受访者认为中央反腐效果很明显，某些不良的政府作风得到有效遏制。当然，对地方政府持"不信任"或"非常不信任"

态度的受访者比例也达到 27.8%，这也说明地方政府的随意决策、政策缺乏连续性和稳定性、政务信息不公开不透明、不重视政府回应以及部分官员的腐败行为、弄虚作假、违法行政、办事拖沓等行为已经严重影响了政府形象和公信力。

表 4-1　对地方政府公信力的总体评价

		频率	百分比	有效百分比	累积百分比
有效	非常信任	158	6.0	6.0	6.0
	信任	680	26.0	26.0	32.0
	基本信任	1051	40.2	40.2	72.2
	不信任	629	24.1	24.1	96.3
	非常不信任	97	3.7	3.7	100.0
	合计	2615	100.0	100.0	

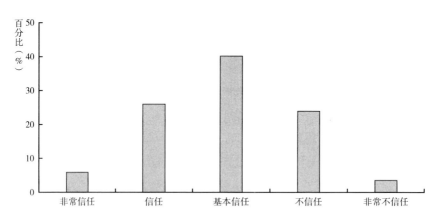

图 4-18　对地方政府公信力的总体评价

第五章
新型城镇化背景下地方政府
公信力的影响因素分析

　　影响地方政府公信力的因素是多方面的，包括政治认知因素、行政管理因素、制度体制因素和历史文化因素等。因此，在实证分析过程中，针对政府公信力的影响因素，应该采取什么样的标准对政府公信力进行评价，不同的学者有不同的看法。有的学者主张从行政管理、公共服务、经济发展和社会发展四个维度进行评价；有的学者主张从行政管理和政府体制两个维度进行评价；有的学者主张从政府公信力内部基础、政府业绩与政府成本、官民互动机制三个维度进行评价。为了能够比较客观、全面、科学地评价地方政府公信力，本书围绕研究主题，将主观因素和客观因素结合起来，拟从公民的政治认知、公民在新型城镇化过程中的诉求满足状况、公共政策与政府行政行为四个维度测量地方政府公信力，探讨它们与地方政府公信力的关联性，其中公共政策维度从公民感知的角度重点考察公共政策的连续性和稳定性、行政决策的民主化和公开化程度；政府行政行为维度重点考察政府承诺的履行及兑现、执法公正性、政府回应、行政效率等。当然，对于影响政府公信力的个人因素，包括性别、年龄、政治面貌、受教育程度、身份、居住地区等人口统计变量也在分析之列。

第一节　公众政治认知水平及其对地方政府
公信力影响的分析

一　公众政治认知水平的方差分析

　　公众政治认知是指公民对于各种政治人物、政治事件以及政治活动及其客观规律等方面的认识、判断与评价，也就是说，公众政治认知是指公众对于各种政治现象的认识与理解。政治认知过程要求政治认知主体具备一定的政治知识，并能够运用这些政治知识对于各种政治现象进行全面的把握、准确的理解和理性的评判。公民政治认知一般包括三个阶段：一是政治认知主体对认知客体形成整体概念的政治知觉阶段；二是政治认知主体对认知客体形成比较固定记忆的政治印象阶段；三是政治认知主体运用一定的政治知识对认知客体进行综合分析和评价。一般来讲，公众获取政治知识的途径不外乎两种：一种是公众从他人那里获得的间接经验知识，其中最重要的是通过正规的教育途径获得的书本知识；另一种是公众在社会上亲自参加政治生活实践而得到的直接经验知识，主要指公众在依法管理国家事务、社会事务、经济和文化事业过程中，在积极参与民主选举、民主决策、民主管理、民主监督等政治活动过程中所积累的经验知识。因此，提高公众的政治认知水平，一方面要加强教育学习，另一方面也是最重要的，就是从各个层次、各个领域扩大公众有序政治参与，最广泛地动员和组织公众依法管理国家事务和社会事务、管理经济和文化事业。这既能够体现公众作为国家主人翁的地位，又能提升公众对地方政府决策和运行过程的认知，加深对政府性质和职能的理解，增加公众对政府的信任度。

在本次调查中，公众政治认知主要是从以下几个维度来分析：第一，公众对新型城镇化的基本态度和认知，包括对新型城镇化的基本态度、对地方政府在新型城镇化建设中作用的认知。第二，公众对地方政府机关职能和职责的认知，包括公众对地方政府机关基本职能和管理职责的了解程度、公众对地方政府在农村土地征收、城市棚户区拆迁、公共品供给、环境污染治理中的角色及承担责任的了解程度。第三，公众对自身权利义务的认知，主要考察公众对自己在农村土地征收、城市棚户区改造、公共品供给、环境污染治理中所享有的权利和应履行的义务的了解程度。

首先，分析被调查公众对新型城镇化的基本态度和认知。第一，公众对新型城镇化的基本态度，如表5-1所示。在对新型城镇化认知情况的调查中，25.2%的受访者认为"非常必要"，51.4%的受访者认为"有必要"，

16.4%的受访者认为"无所谓",回答"没有必要"的受访者仅占7%。这说明绝大部分受访者对新型城镇化建设持支持的态度,认为它是利国利民的一件好事。在面访中有许多人表示没有听说"新型城镇化"这一概念或对"新型城镇化建设"不了解、不熟悉,这些人选择了"无所谓"。

表 5-1　对新型城镇化建设的看法

		频率	百分比	有效百分比	累积百分比
有效	非常必要	658	25.2	25.2	25.2
	有必要	1345	51.4	51.4	76.6
	无所谓	429	16.4	16.4	93.0
	没有必要	183	7.0	7.0	100.0
	合计	2615	100.0	100.0	

　　第二,公众对地方政府在新型城镇化建设中作用的认知,如表5-2所示。在公众对地方政府在新型城镇化建设中作用的认知情况调查中,我们将选择"是"答案赋值为1,将选择"否"答案赋值为0,经过统计分析,均值比较高的选择有"新型城镇化建设地方政府应该在促进本地经济发展方面发挥积极作用"的均值是0.75,"新型城镇化建设地方政府应该在环境保护和污染治理方面发挥积极作用"的均值是0.70,"新型城镇化建设地方政府应该在公共设施建设方面发挥积极作用"的均值是0.70,"新型城镇化建设地方政府应该在帮助群众提供购物就医上学的便利方面发挥积极作用"的均值是0.69,"新型城镇化建设地方政府应该在丰富群众的文化生活方面发挥积极作用"的均值是0.61。均值越高说明受访者对其认同度越高,从"您认为推进新型城镇化建设地方政府应该在哪些方面发挥积极作用"的描述统计表中不难看出,绝大部分受访者认为地方政府应该在多个方面发挥积极作用,其中重点应该在促进本地经济发展,加强环境保护和污染治理,推动公共设施建设,帮助群众提供购物、就医和上学的便利、丰富群众的文化生活等方面发挥积极作用。这也说明公众对政治的关注度是与其切身利益密不可分的。

表 5-2　"您认为推进新型城镇化建设地方政府应该在哪些方面发挥积极作用"的
描述统计

	N	极小值	极大值	均值	标准差	方差
新型城镇化建设地方政府应该在环境保护和污染治理方面发挥积极作用	2615	0	1	0.70	0.458	0.209
新型城镇化建设地方政府应该在食品监管方面发挥积极作用	2615	0	1	0.53	0.499	0.249
新型城镇化建设地方政府应该在促进本地经济发展方面发挥积极作用	2615	0	1	0.75	0.430	0.185
新型城镇化建设地方政府应该在化解干群矛盾和纠纷方面发挥积极作用	2615	0	1	0.47	0.499	0.249
新型城镇化建设地方政府应该在改善群众住房条件方面发挥积极作用	2615	0	1	0.46	0.499	0.249
新型城镇化建设地方政府应该在公共设施建设方面发挥积极作用	2615	0	1	0.70	0.460	0.212
新型城镇化建设地方政府应该在丰富群众的文化生活方面发挥积极作用	2615	0	1	0.61	0.489	0.239
新型城镇化建设地方政府应该在维护社会治安方面发挥积极作用	2615	0	1	0.53	0.499	0.249
新型城镇化建设地方政府应该在保证公共交通畅通方面发挥积极作用	2615	0	1	0.58	0.494	0.244
新型城镇化建设地方政府应该在惩罚违法犯罪行为方面发挥积极作用	2615	0	1	0.54	0.499	0.249
新型城镇化建设地方政府应该在帮助群众提供购物就医上学的便利方面发挥积极作用	2615	0	1	0.69	0.462	0.213
有效的 N（列表状态）	2615					

其次，分析被调查公民对地方政府机关职能和职责的认知。第一个是公众对地方政府机关基本职能和管理职责的了解程度，如表 5-3 所示。在对地方政府机关基本职能和管理职责情况调查中，9.5% 的受访者认为"非常了解"，27.9% 的受访者认为"比较了解"，42.1% 的受访者回答"部分了解"，20.5% 的受访者回答"不了解"。这说明随着电视、网络、手机的普及和国民整体素质的提高，绝大部分受访者对地方政府机关基本职能和管理

职责有大致的了解，但许多人对地方政府机关基本职能和管理职责的了解往往不是很全面和具体，甚至存在误区。

表 5-3　对地方政府机关基本职能和管理职责的了解程度

		频率	百分比	有效百分比	累积百分比
有效	非常了解	249	9.5	9.5	9.5
	比较了解	729	27.9	27.9	37.4
	部分了解	1101	42.1	42.1	79.5
	不了解	536	20.5	20.5	100.0
	合计	2615	100.0	100.0	

第二个是公众对地方政府在农村土地征收、城市棚户区拆迁、公共品供给、环境污染治理中的角色及承担责任的了解程度，如表 5-4 所示。在对地方政府在农村土地征收、城市棚户区拆迁、公共品供给、环境污染治理中的角色及承担责任情况调查中，7.2%的受访者认为"非常了解"，20.7%的受访者认为"比较了解"，45.8%的受访者回答"部分了解"，26.3%的受访者回答"不了解"。这同样说明大部分的受访者对地方政府机关的具体职责和在农村土地征收、城市棚户区拆迁、公共品供给、环境污染治理中的角色定位缺乏全面准确的认知。由于较少参与政治生活实践，许多受访者对地方政府在某个领域、某个方面应该承担什么样的责任、扮演什么样的角色，往往不了解或了解不全面。

表 5-4　对地方政府在土地征收等政策中担任角色的了解程度

		频率	百分比	有效百分比	累积百分比
有效	非常了解	188	7.2	7.2	7.2
	比较了解	541	20.7	20.7	27.9
	部分了解	1199	45.8	45.8	73.7
	不了解	687	26.3	26.3	100.0
	合计	2615	100.0	100.0	

最后是公众对自身权利义务的认知，如表5-5所示。在对公民在农村土地征收、城市棚户区改造、公共品供给、环境污染治理中权利和义务关系的调查中，8.9%的受访者认为"非常熟悉"，32.5%的受访者认为"基本了解"，12%的受访者认为"只了解权利不了解义务"，25.1%的受访者认为"了解部分权利和义务"，21.5%的受访者回答"不了解"。这说明少部分受访者对自身权利义务有正确的认知，大部分受访者对自身权利义务缺乏正确的认知，要么只了解权利不了解义务，要么只了解部分权利和义务。

表5-5　对自己在土地征收等政策中应享有的权利和义务了解程度

		频率	百分比	有效百分比	累积百分比
有效	非常熟悉	233	8.9	8.9	8.9
	基本了解	850	32.5	32.5	41.4
	只了解权利不了解义务	314	12.0	12.0	53.4
	了解部分权利和义务	656	25.1	25.1	78.5
	不了解	562	21.5	21.5	100.0
	合计	2615	100.0	100.0	

从以上数据分析中可以看出，受访者对新型城镇化的认知、对地方政府机关职能和职责的认知和对自身权利义务的认知三个方面都存在不足。而缺乏应有的政治认知能力会导致对一些政治现象的分析和政治问题的评判可能存在偏差。也就是说，一个人政治认知能力的强弱会影响他对政府公共政策和政府行为的判断和评价，影响政府在他心中的形象，从而影响他对地方政府的信任度和满意度。从调查中我们还发现，一个人的政治认知能力随着背景变量的变化而发生变化，也就是说，人们的性别、年龄、职业、文化程度、政治面貌、居住地区的不同，会使得政治认知存在差异。下面以"民众对地方政府在农村土地征收、城市棚户区拆迁、公共品供给、环境污染治理中的角色及承担责任的认知"为例进行方差分析。分析结果如表5-6至表5-17所示。

表 5-6　对地方政府在土地征收等政策中担任角色了解程度 * 性别的描述性统计

	N	均值	标准差	标准误	均值的95% 置信区间		极小值	极大值
					下限	上限		
男	1343	2.22	0.913	0.025	2.17	2.27	1	4
女	1272	1.95	0.791	0.022	1.91	1.99	1	4
总数	2615	2.09	0.866	0.017	2.05	2.12	1	4

表 5-7　ANOVA 分析（性别）

	平方和	df	均方	F	显著性
组间	47.351	1	47.351	64.697	0.000
组内	1912.419	2613	0.732		
总数	1959.771	2614			

在"不同性别的人对地方政府在土地征收等政策中担任角色了解程度"的方差分析中，检验统计量 F 值为 64.697，P = 0.000<0.05，具有统计学意义，这表明不同性别的公民对地方政府在农村土地征收、城市棚户区拆迁、公共品供给、环境污染治理中的角色及承担责任的认知有显著的差异。

从"对地方政府在土地征收等政策中担任角色了解程度 * 性别的描述性统计"表中可以看出：男性受访者对地方政府在农村土地征收、城市棚户区拆迁、公共品供给、环境污染治理中的角色及承担责任了解程度的均值是 2.22；女性受访者对地方政府在农村土地征收、城市棚户区拆迁、公共品供给、环境污染治理中的角色及承担责任了解程度的均值是 1.95。均值越高，意味着对地方政府在农村土地征收、城市棚户区拆迁、公共品供给、环境污染治理中的角色及承担责任的了解程度越高。男性受访者均值高于女性受访者均值，意味着男性受访者对地方政府在农村土地征收、城市棚户区拆迁、公共品供给、环境污染治理中的角色及承担责任了解程度较之女性受访者要高。究其原因可能是多方面的，特别是在农村，日常生活中，女性受访者关注的重点是家庭生活，没有太多时间关注一些与政治相关的话题。

表 5-8 对地方政府在土地征收等政策中担任角色了解程度 * 年龄的描述性统计

	N	均值	标准差	标准误	均值的95%置信区间		极小值	极大值
					下限	上限		
35 岁及其以下	666	2.09	0.789	0.031	2.03	2.15	1	4
36~45 岁	788	2.15	0.893	0.032	2.09	2.22	1	4
46~55 岁	996	2.03	0.905	0.029	1.97	2.08	1	4
56 岁及其以上	165	2.13	0.766	0.060	2.01	2.25	1	4
总数	2615	2.09	0.866	0.017	2.05	2.12	1	4

表 5-9 ANOVA（年龄）

	平方和	df	均方	F	显著性
组间	7.345	3	2.448	3.274	0.020
组内	1952.425	2611	0.748		
总数	1959.771	2614			

在"不同年龄的人对地方政府在土地征收等政策中担任角色的了解程度"的方差分析中，检验统计量 F 值为 3.274，P = 0.020<0.05，具有统计学意义，这表明不同年龄的受访者对地方政府在农村土地征收、城市棚户区拆迁、公共品供给、环境污染治理中的角色及承担责任的认知有一定的差异。

从表 5-8 中可以看出：35 岁及其以下公民对地方政府在农村土地征收、城市棚户区拆迁、公共品供给、环境污染治理中的角色及承担责任了解程度的均值是 2.09；36~45 岁公民的均值是 2.15；46~55 岁公民的均值是 2.03；56 岁及其以上公民的均值是 2.13。56 岁及其以上公民所赋均值较高，应该与调查的对象主要是有一定文化、掌握一定政治知识的离退休人员有关系；36~45 岁公民所赋均值较高，是因为在农村他们是政治参与的主体；35 岁及其以下的年轻人有一定的文化知识，但由于其主要关注点在学习或其他方面，故对政治话题的关注有限。从总体上看，不同年龄的受访者对地方政府在土地征收等政策中担任角色了解程度的均值相差不大，意味着他们对地方政府在农村土地征收、城市棚户区拆迁、公共品供给、环境污染治理中的角色及承担责任了解程度差别不太大。

表 5-10　对地方政府在土地征收等政策中担任角色了解程度 * 政治面貌的描述性统计

	N	均值	标准差	标准误	均值的 95% 置信区间		极小值	极大值
					下限	上限		
中共党员	447	2.61	0.959	0.045	2.52	2.70	1	4
民主党派	99	2.41	0.958	0.096	2.22	2.61	1	4
共青团员	171	1.96	0.622	0.048	1.87	2.06	1	3
一般群众	1898	1.96	0.805	0.018	1.92	2.00	1	4
总数	2615	2.09	0.866	0.017	2.05	2.12	1	4

表 5-11　ANOVA（政治面貌）

	平方和	df	均方	F	显著性
组间	165.597	3	55.199	80.329	0.000
组内	1794.174	2611	0.687		
总数	1959.771	2614			

在表 5-11 的方差分析中，检验统计量 F 值为 80.329，$P = 0.000 < 0.05$，具有统计学意义，这表明不同政治面貌的受访者对地方政府在农村土地征收、城市棚户区拆迁、公共品供给、环境污染治理中的角色及承担责任的认知有显著的差异。

从表 5-10 中可以看出：中共党员对地方政府在农村土地征收、城市棚户区拆迁、公共品供给、环境污染治理中的角色及承担责任了解程度的均值是 2.61；民主党派人士的均值是 2.41；共青团员和一般群众的均值都是 1.96。中共党员相对于非中共党员更加关注国内外大政方针，政治知识丰富，对政府权利与义务的认知相对明晰；民主党派人士文化层次相对较高且具备一定的参政经验，对地方政府的具体角色认知要多一些；而共青团员和一般群众往往缺乏政治参与经验，虽然对一般意义上的政府权利与义务有一些了解，但对具体的地方政府在农村土地征收、城市棚户区拆迁、公共品供给、环境污染治理中角色及承担责任的了解不多。

表 5-12 对地方政府在土地征收等政策中担任角色了解
程度 * 受教育程度的描述性统计

| | N | 均值 | 标准差 | 标准误 | 均值的95%置信区间 | | 极小值 | 极大值 |
					下限	上限		
研究生及以上	263	2.30	0.972	0.060	2.19	2.42	1	4
大学（大专）	491	2.26	0.817	0.037	2.19	2.34	1	4
高中（中专）	666	2.16	0.904	0.035	2.09	2.23	1	4
初中及以下	1195	1.93	0.808	0.023	1.88	1.97	1	4
总数	2615	2.09	0.866	0.017	2.05	2.12	1	4

表 5-13 ANOVA（受教育程度）

	平方和	df	均方	F	显著性
组间	61.377	3	20.459	28.139	0.000
组内	1898.394	2611	0.727		
总数	1959.771	2614			

在表 5-13 的方差分析中，检验统计量 F 值为 28.139，P = 0.000 < 0.05，具有统计学意义，这表明不同受教育程度的公民对地方政府在农村土地征收、城市棚户区拆迁、公共品供给、环境污染治理中的角色及承担责任的认知有显著的差异。

从表 5-12 中可以看出：学历是研究生及以上的受访者对地方政府在农村土地征收、城市棚户区拆迁、公共品供给、环境污染治理中的角色及承担责任了解程度的均值是 2.30；学历是大学（大专）的受访者的均值是 2.26；学历是高中（中专）的受访者的均值是 2.16；学历是初中及以下的受访者的均值是 1.93。受访者的学历越高，对地方政府在农村土地征收、城市棚户区拆迁、公共品供给、环境污染治理中的角色及承担责任了解程度的均值就越高，意味着学历越高的受访者对地方政府在农村土地征收、城市棚户区拆迁、公共品供给、环境污染治理中的角色及承担责任了解程度就越高。一般而言，一个人学历越高，其政治认知水平和能力就越高。

表5-14 对地方政府在土地征收等政策中担任角色了解程度＊身份的描述性统计

	N	均值	标准差	标准误	均值的95%置信区间		极小值	极大值
					下限	上限		
工人	296	2.39	0.884	0.051	2.29	2.49	1	4
农民	1450	1.96	0.839	0.022	1.91	2.00	1	4
企事业单位管理人员	183	2.03	0.811	0.060	1.91	2.15	1	4
公务员	171	2.77	0.842	0.064	2.64	2.89	1	4
专业技术人员	219	1.93	0.650	0.044	1.85	2.02	1	4
村（城市社区）干部	54	2.70	0.633	0.086	2.53	2.88	1	3
离退休人员	45	3.00	0.826	0.123	2.75	3.25	1	4
无职业	84	2.15	0.898	0.098	1.96	2.35	1	4
其他	113	1.63	0.601	0.056	1.52	1.74	1	3
总数	2615	2.09	0.866	0.017	2.05	2.12	1	4

表5-15 ANOVA（身份）

	平方和	df	均方	F	显著性
组间	218.825	8	27.353	40.945	0.000
组内	1740.945	2606	0.668		
总数	1959.771	2614			

在表5-15的方差分析中，检验统计量F值为40.945，P=0.000<0.05，具有统计学意义，这表明不同身份的受访者对地方政府在农村土地征收、城市棚户区拆迁、公共品供给、环境污染治理中的角色及承担责任的认知有显著的差异。

从表5-14中可以看出：工人对地方政府在农村土地征收、城市棚户区拆迁、公共品供给、环境污染治理中的角色及承担责任了解程度的均值是2.39；公务员的均值是2.77；村（城市社区）干部的均值是2.70；离退休人员的均值是 3.00；无职业者的均值是 2.15。这说明公民对地方政府在农村土地征收、城市棚户区拆迁、公共品供给、环境污染治理中的角色及承担责任了解程度跟其文化程度、政府管理经验、政治参与经验、维权的经历等都有关系。

表 5-16 对地方政府在土地征收等政策中担任角色了解程度 * 居住地的描述性统计

	N	均值	标准差	标准误	均值的 95% 置信区间		极小值	极大值
					下限	上限		
城市	696	2.35	0.866	0.033	2.29	2.42	1	4
农村	1389	2.07	0.866	0.023	2.02	2.11	1	4
城乡接合部	530	1.79	0.753	0.033	1.72	1.85	1	4
总数	2615	2.09	0.866	0.017	2.05	2.12	1	4

表 5-17　ANOVA（居住地）

	平方和	df	均方	F	显著性
组间	97.593	2	48.796	68.445	0.000
组内	1862.178	2612	0.713		
总数	1959.771	2614			

在表 5-17 的方差分析中，检验统计量 F 值为 68.445，P = 0.000<0.05，具有统计学意义，这表明不同居住地的公民对地方政府在农村土地征收、城市棚户区拆迁、公共品供给、环境污染治理中的角色及承担责任的认知有显著的差异。

从表 5-16 中可以看出：居住在城市的受访者对地方政府在农村土地征收、城市棚户区拆迁、公共品供给、环境污染治理中的角色及承担责任了解程度的均值是 2.35；居住在农村的受访者的均值是 2.07；居住在城乡接合部的受访者的均值是 1.79。这说明居住在城市的受访者对地方政府在农村土地征收、城市棚户区拆迁、公共品供给、环境污染治理中的角色及承担责任了解程度较之居住在农村和城乡接合部的受访者要高，这与居住在城市的受访者知识文化水平相对高一些，愿意利用更多的时间学习了解政治知识，更加关心与政府和政治相关的政治信息，具有较高的政治认知水平和能力有关。

另外，民众对地方政府在农村土地征收、城市棚户区拆迁、公共品供给、环境污染治理中的角色及承担责任的了解程度会直接影响到其对居住地区的地方政府公信力的评价。这可以从受访者对政府在土地征收等政策中担任角色了解程度和受访者对地方政府公信力的总体评价的交互分析中看出来，如表5-18、表5-19所示。

表5-18 对地方政府公信力的总体评价 * 对政府在土地征收等政策中担任角色了解程度交叉表

		对政府在土地征收等政策中担任角色了解程度				合计
		非常了解	比较了解	部分了解	不了解	
对地方政府公信力的总体评价	非常信任	59	16	52	31	158
	信任	19	305	266	90	680
	基本信任	104	148	494	305	1051
	不信任	3	60	357	209	629
	非常不信任	3	12	30	52	97
合计		188	541	1199	687	2615

表5-19 卡方检验

	值	df	渐进 Sig.（双侧）
Pearson 卡方	656.801[a]	12	0.000
似然比	559.480	12	0.000
线性和线性组合	246.755	1	0.000
有效案例中的 N	2615		

a. 0 单元格（.0%）的期望计数少于5。最小期望计数为6.97。

经卡方检验发现，受访者对地方政府在农村土地征收、城市棚户区拆迁、公共品供给、环境污染治理中的角色及承担责任的了解程度不同，则受访者对地方政府公信力总体评价也有显著的差异。从交互分析表中可以看出：公民对地方政府在农村土地征收、城市棚户区拆迁、公共品供给、环境污染治理中的角色及承担责任的了解程度越高，则对地方政府公信力总体评价越高；而公民对地方政府在农村土地征收、城市棚户区拆迁、公共品供给、环境污染治理中的角色及承担责任的了解程度越低，则对地方政府公信力总体评价越低。这说明公民的政治认知水平与公民对地方政府公信力评价之间存在一定的关联性。

综上所述，在控制其他变量的情况下，由于受访者的性别、年龄、职业、文化程度、政治面貌、居住地区的不同，其对地方政府在农村土地征收、城市棚户区拆迁、公共品供给、环境污染治理中的角色及承担责任了解程度就会存在差异。这也说明，受访者的性别、年龄、职业、文化程度、政治面貌、居住地区这些变量对他的政治认知有显著影响。其中影响最为显著的是性别、文化程度、政治面貌，这与受访者是否有强烈的政治参与意识、是否有良好的政治知识储备、是否有政府管理经验、是否有政治参与经验和维权经历等密切相关。而受访者对地方政府在农村土地征收、城市棚户区拆迁、公共品供给、环境污染治理中的角色及承担责任的了解程度会影响他对其居住地区的地方政府公信力的评价，也就是说，受访者的政治认知水平是影响他对地方政府公信力评价的重要因素之一。

二 民众政治认知水平对地方政府公信力影响的回归分析

在前面对受访者政治认知水平及其对地方政府公信力的影响进行方差分析和交互分析的基础上，拟通过多项 Logistic 回归对受访者政治认知水平对地方政府公信力的影响进行更为深入的剖析。下面主要从受访者对地方政府权力责任认知的角度和受访者对自身权利义务认知的角度，分析受访者政治认知水平对地方政府公信力的影响，即以受访者对地方政府机关职能职责和受访者自身权利义务的认知量表中各种选项为自变量，以受访者对地方政府公信力的评价情况为因变量进行多项 Logistic 回归。

1. 受访者关于地方政府机关基本职能和管理职责的认知对地方政府公信力影响的多项 Logistic 回归分析

以受访者对地方政府机关基本职能和管理职责的了解程度为自变量，以受访者对地方政府公信力的评价情况为因变量，运用 SPSS20 统计软件进行多项 Logistic 回归分析，分析结果如表 5-20、表 5-21、表 5-22 所示。

表 5-20　伪 R^2

Cox & Snell	0.517
Nagelkerke	0.538
McFadden	0.226

表 5-21　似然比检验

效应	模型拟合标准	似然比检验		
	简化后的模型的-2 倍似然对数值	卡方	df	显著水平
对地方政府机关基本职能和管理职责的了解程度	1988.776	1902.579	16	0.000

　　卡方统计量是最终模型与简化后模型之间在-2 倍似然对数值中的差值。通过从最终模型中省略效应而形成简化后的模型。零假设就是该效应的所有参数均为 0。

表 5-22　参数估计

对地方政府公信力的总体评价[a]		B	标准误	Wald	df	显著水平	Exp (B)	Exp(B)的置信区间 95%	
								下限	上限
非常信任	[对地方政府机关基本职能和管理职责的了解程度=1]	19.587	0.222	7756.676	1	0.000	3.211	2.077	4.966
	[对地方政府机关基本职能和管理职责的了解程度=2]	0.375	0.392	0.915	1	0.339	1.455	0.675	3.134
	[对地方政府机关基本职能和管理职责的了解程度=3]	0.022	0.212	0.011	1	0.916	1.023	0.675	1.550
	[对地方政府机关基本职能和管理职责的了解程度=4]	-.182	0.229	0.635	1	0.426	0.833	0.532	1.305

续表

对地方政府公信力的总体评价ᵃ	B	标准误	Wald	df	显著水平	Exp(B)	Exp(B)的置信区间95%	
							下限	上限
信任 [对地方政府机关基本职能和管理职责的了解程度=1]	19.221	0.238	6528.851	1	0.000	2.227	1.397	3.550
信任 [对地方政府机关基本职能和管理职责的了解程度=2]	3.571	0.306	136.420	1	0.000	35.545	19.523	64.717
信任 [对地方政府机关基本职能和管理职责的了解程度=3]	1.420	0.168	71.430	1	0.000	4.136	2.976	5.749
信任 [对地方政府机关基本职能和管理职责的了解程度=4]	0.421	0.199	4.499	1	0.034	1.524	1.033	2.249
基本信任 [对地方政府机关基本职能和管理职责的了解程度=1]	20.196	0.205	9687.492	1	0.000	5.904	3.949	8.828
基本信任 [对地方政府机关基本职能和管理职责的了解程度=2]	2.910	0.310	88.361	1	0.000	18.364	10.010	33.690
基本信任 [对地方政府机关基本职能和管理职责的了解程度=3]	2.477	0.157	249.111	1	0.000	11.909	8.755	16.199
基本信任 [对地方政府机关基本职能和管理职责的了解程度=4]	1.614	0.169	91.268	1	0.000	5.024	3.608	6.996
不信任 [对地方政府机关基本职能和管理职责的了解程度=1]	18.861	0.000	0.	1	0.	1.554	1.554	1.554
不信任 [对地方政府机关基本职能和管理职责的了解程度=2]	2.293	0.316	52.555	1	0.000	9.909	5.330	18.421
不信任 [对地方政府机关基本职能和管理职责的了解程度=3]	1.939	0.161	144.690	1	0.000	6.955	5.070	9.539
不信任 [对地方政府机关基本职能和管理职责的了解程度=4]	1.477	0.171	74.624	1	0.000	4.381	3.133	6.125

a. 参考类别是：非常不信任。

由表5-21可知，回归模型卡方值为1902.579，P=0.000<0.001，具有统计学意义。-2倍的似然对数值为1988.776，Cox & Snell R^2 为0.517，而由 Nagelkerke R^2 可知，全部自变量可以解释因变量的53.8%，这说明自变量"公民对地方政府机关基本职能和管理职责的了解程度"对因变量"公

民对地方政府公信力的评价"有较强的解释力。

从 Exp（B）值即发生比率 OR 值可以看出，就"对地方政府机关基本职能和管理职责的了解程度"选择"非常了解"与"比较了解"的受访者，分别是就"您对地方政府公信力的总体评价"选择"非常信任"的受访者的 3.21 倍与 1.45 倍；就"您对地方政府机关基本职能和管理职责的了解程度"选择"非常了解"与"比较了解"的受访者分别是就"您对地方政府公信力的总体评价"选择"信任"的受访者的 2.23 倍与 35.5 倍；对"您对地方政府机关基本职能和管理职责的了解程度"选择"非常了解"与"比较了解"的受访者，分别是"您对地方政府公信力的总体评价"选择"基本信任"的受访者的 3.95 倍与 18.36 倍。而就"对地方政府机关基本职能和管理职责的了解程度"选择"部分了解"与"不了解"的受访者，分别是"对地方政府公信力的总体评价"选择"不信任"的受访者的 5.07 倍与 3.13 倍。以上的回归分析基本上表明，受访者对地方政府机关基本职能和管理职责的了解程度越高，则受访者对地方政府公信力的评价也越高，即受访者对地方政府的信任度相对也越高。

2. 受访者关于地方政府在农村土地征收、城市棚户区拆迁、公共品供给、环境污染治理中的角色及承担责任的认知对地方政府公信力影响的多项 Logistic 回归分析

以受访者对地方政府在农村土地征收、城市棚户区拆迁、公共品供给、环境污染治理中的角色及承担责任的了解程度为自变量，以受访者对地方政府公信力的评价情况为因变量，运用 SPSS20 统计软件进行多项 Logistic 回归分析，分析结果如表 5-23、表 5-24、表 5-25 所示。

表 5-23 伪 R^2

Cox & Snell	0.518
Nagelkerke	0.540
McFadden	0.227

表 5-24 似然比检验

效应	模型拟合标准	似然比检验		
	简化后的模型的 -2 倍似然对数值	卡方	df	显著水平
对地方政府在土地征收中担任角色了解程度	1996.890	1910.566	16	0.000

注：卡方统计量是最终模型与简化后模型之间在-2 倍似然对数值中的差值。通过从最终模型中省略效应而形成简化后的模型。零假设就是该效应的所有参数均为 0。

表 5-25 参数估计

对地方政府公信力的总体评价[a]		B	标准误	Wald	df	显著水平	Exp (B)	Exp(B)的置信区间 95%	
								下限	上限
非常信任	[对地方政府在土地征收中担任角色的了解程度=1]	2.979	0.592	25.334	1	0.000	19.667	6.165	62.735
	[对地方政府在土地征收中担任角色的了解程度=2]	0.288	0.382	0.568	1	0.451	1.333	0.631	2.818
	[对地方政府在土地征收中担任角色的了解程度=3]	0.550	0.229	5.756	1	0.016	1.733	1.106	2.717
	[对地方政府在土地征收中担任角色的了解程度=4]	-0.517	0.227	5.196	1	0.023	0.596	0.382	0.930
信任	[对地方政府在土地征收中担任角色的了解程度=1]	1.846	0.621	8.827	1	0.003	6.333	1.874	21.402
	[对地方政府在土地征收中担任角色的了解程度=2]	3.235	0.294	120.859	1	0.000	25.417	14.276	45.251
	[对地方政府在土地征收中担任角色的了解程度=3]	2.182	0.193	128.393	1	0.000	8.867	6.079	12.933
	[对地方政府在土地征收中担任角色的了解程度=4]	0.549	0.174	9.918	1	0.002	1.731	1.230	2.435

续表

对地方政府公信力的总体评价[a]		B	标准误	Wald	df	显著水平	Exp(B)	Exp(B)的置信区间 95%	
								下限	上限
基本信任	[对地方政府在土地征收中担任角色的了解程度=1]	3.546	0.586	36.660	1	0.000	34.667	11.001	109.242
	[对地方政府在土地征收中担任角色的了解程度=2]	2.512	0.300	70.060	1	0.000	12.333	6.848	22.211
	[对地方政府在土地征收中担任角色的了解程度=3]	2.801	0.188	221.946	1	0.000	16.467	11.391	23.805
	[对地方政府在土地征收中担任角色的了解程度=4]	1.769	0.150	139.035	1	0.000	5.865	4.371	7.871
不信任	[对地方政府在土地征收中担任角色的了解程度=1]	0.000	0.816	0.000	1	1.000	1.000	0.202	4.955
	[对地方政府在土地征收中担任角色的了解程度=2]	1.609	0.316	25.903	1	0.000	5.000	2.690	9.293
	[对地方政府在土地征收中担任角色的了解程度=3]	2.477	0.190	169.734	1	0.000	11.900	8.199	17.272
	[对地方政府在土地征收中担任角色的了解程度=4]	1.391	0.155	80.579	1	0.000	4.019	2.966	5.446

a. 参考类别是：非常不信任。

由上表可知，回归模型卡方值为 1910.566，P = 0.000<0.001，具有统计学意义。-2 倍的似然对数值为 1996.890，Cox & Snell R^2 为 0.518，而由 Nagelkerke R^2 可知，全部自变量可以解释因变量的 54.0%，这说明自变量"对地方政府在农村土地征收、城市棚户区拆迁、公共品供给、环境污染治理中的角色及承担责任的了解程度"对因变量"对地方政府公信力的评价"有较强的解释力。

从 Exp（B）值即发生比率 OR 值可以看出，对"对地方政府在农村土地征收、城市棚户区拆迁、公共品供给、环境污染治理中的角色及承担责任的了解程度"选择"非常了解"与"比较了解"的受访者分别是就"对地方政府公信力的总体评价"选择"非常信任"的公民的 19.67 倍与 1.33 倍;对"您对地方政府在农村土地征收、城市棚户区拆迁、公共品供给、环境污染治理中的角色及承担责任的了解程度"选择"非常了解"与"比较了解"的受访者分别是就"您对地方政府公信力的总体评价"选择"信任"的受访者的 6.33 倍与 25.42 倍;就"对地方政府在农村土地征收、城市棚户区拆迁、公共品供给、环境污染治理中的角色及承担责任的了解程度"选择"非常了解"与"比较了解"的受访者分别是"对地方政府公信力的总体评价"选择"基本信任"的公民的 34.67 倍与 12.33 倍。而就"对地方政府在农村土地征收、城市棚户区拆迁、公共品供给、环境污染治理中的角色及承担责任的了解程度"选择"部分了解"与"不了解"的受访者分别是就"对地方政府公信力的总体评价"选择"不信任"的受访者的 11.9 倍与 4.02 倍。以上的回归分析基本上表明,受访者对地方政府在农村土地征收、城市棚户区拆迁、公共品供给、环境污染治理中的角色及承担责任的了解程度越高,则他对地方政府公信力的评价也越高,即对地方政府的信任度相对也越高。

3. 受访者关于自己在农村土地征收、城市棚户区改造、公共品供给、环境污染治理中权利义务了解程度的认知对地方政府公信力影响的多项Logistic 回归分析

以受访者对自己在农村土地征收、城市棚户区改造、公共品供给、环境污染治理中权利义务的了解程度为自变量,以受访者对地方政府公信力的评价情况为因变量,运用 SPSS20 统计软件进行多项 Logistic 回归分析,分析结果如表 5-26、表 5-27、表 5-28 所示。

表 5-26　伪 R²

Cox & Snell	0.491
Nagelkerke	0.511
McFadden	0.210

表 5-27　似然比检验

效应	模型拟合标准	似然比检验		
	简化后的模型的-2倍似然对数值	卡方	df	显著水平
对自己在土地征收中应享有的权利和义务了解程度	1874.607	1766.111	20	0.000

注：卡方统计量是最终模型与简化后模型之间在-2倍似然对数值中的差值。通过从最终模型中省略效应而形成简化后的模型。零假设就是该效应的所有参数均为0。

表 5-28　参数估计

对地方政府公信力的总体评价[a]		B	标准误	Wald	df	显著水平	Exp(B)	Exp(B)的置信区间95%	
								下限	上限
非常信任	[对自己在土地征收中应享有权利和义务的了解程度=1]	2.024	0.402	25.340	1	0.000	7.571	3.442	16.653
	[对自己在土地征收中应享有权利和义务的了解程度=2]	0.738	0.259	8.097	1	0.004	2.091	1.258	3.475
	[对自己在土地征收中应享有权利和义务的了解程度=3]	0.944	0.445	4.496	1	0.034	2.571	1.074	6.156
	[对自己在土地征收中应享有权利和义务的了解程度=4]	0.511	0.365	1.957	1	0.162	1.667	0.815	3.409
	[对自己在土地征收中应享有权利和义务的了解程度=5]	-0.847	0.261	10.553	1	0.001	0.429	0.257	0.715
信任	[对自己在土地征收中应享有权利和义务的了解程度=1]	1.925	0.405	22.645	1	0.000	6.857	3.103	15.154
	[对自己在土地征收中应享有权利和义务的了解程度=2]	2.831	0.219	166.445	1	0.000	16.955	11.029	26.064

续表

对地方政府公信力的总体评价[a]		B	标准误	Wald	df	显著水平	Exp (B)	Exp（B）的置信区间95%	
								下限	上限
信任	［对自己在土地征收中应享有权利和义务的了解程度＝3］	2.449	0.394	38.629	1	0.000	11.571	5.346	25.045
	［对自己在土地征收中应享有权利和义务的了解程度＝4］	1.872	0.310	36.438	1	0.000	6.500	3.540	11.936
	［对自己在土地征收中应享有权利和义务的了解程度＝5］	0.713	0.174	16.735	1	0.000	2.041	1.450	2.872
基本信任	［对自己在土地征收中应享有权利和义务的了解程度＝1］	2.698	0.390	47.758	1	0.000	14.857	6.911	31.938
	［对自己在土地征收中应享有权利和义务的了解程度＝2］	2.518	0.222	129.129	1	0.000	12.409	8.037	19.160
	［对自己在土地征收中应享有权利和义务的了解程度＝3］	2.898	0.388	55.728	1	0.000	18.143	8.477	38.831
	［对自己在土地征收中应享有权利和义务的了解程度＝4］	3.202	0.294	118.230	1	0.000	24.583	13.803	43.783
	［对自己在土地征收中应享有权利和义务的了解程度＝5］	1.638	0.156	110.015	1	0.000	5.143	3.787	6.984
不信任	［对自己在土地征收中应享有权利和义务的了解程度＝1］	1.099	0.436	6.336	1	0.012	3.000	1.275	7.057
	［对自己在土地征收中应享有权利和义务的了解程度＝2］	1.822	0.230	62.837	1	0.000	6.182	3.940	9.699

续表

对地方政府公信力的总体评价^a		B	标准误	Wald	df	显著水平	Exp（B）	Exp（B）的置信区间95%	
								下限	上限
不信任	［对自己在土地征收中应享有权利和义务的了解程度＝3］	2.449	0.394	38.629	1	0.000	11.571	5.346	25.045
	［对自己在土地征收中应享有权利和义务的了解程度＝4］	3.041	0.295	105.877	1	0.000	20.917	11.721	37.327
	［对自己在土地征收中应享有权利和义务的了解程度＝5］	1.050	0.166	40.003	1	0.000	2.857	2.064	3.956

a. 参考类别是：非常不信任。

由上表可知，回归模型卡方值为 1766.111，P = 0.000 < 0.001，具有统计学意义。-2 倍的似然对数值为 1874.607，Cox & Snell R^2 为 0.491，而由 Nagelkerke R^2 可知，全部自变量可以解释因变量的 51.1%，这说明自变量"对自己在农村土地征收、城市棚户区改造、公共品供给、环境污染治理中权利义务的了解程度"对因变量"对地方政府公信力的评价"有较强的解释力。

从 Exp（B）值即发生比率 OR 值可以看出，就"对自己在农村土地征收、城市棚户区改造、公共品供给、环境污染治理中权利义务的了解程度"选择"非常熟悉""基本了解"与"只了解权利，不了解义务"的受访者分别是就"对地方政府公信力的总体评价"选择"非常信任"的受访者的 7.57 倍、2.09 倍与 2.57 倍；就"您对自己在农村土地征收、城市棚户区改造、公共品供给、环境污染治理中权利义务的了解程度"选择"非常熟悉"、"基本了解"与"只了解权利，不了解义务"的受访者分别是就"对地方政府公信力的总体评价"选择"信任"的公民的 6.86 倍、16.96 倍与 11.57 倍；就"对自己在农村土地征收、城市棚户区改造、公共品供给、环境污染治理中权利义务的了解程度"选择"非常熟悉""基本了解"与"只了解权利,不了解义务"的受访者,分别是"对地方政府公信力的总体评价"选择"基本信任"的受访者的 14.86 倍、12.41 倍与 18.14 倍。而就"对自己在农村土地征收、城市棚户区改造、公共品供给、环境污染治理中权利义务的了解程度"选择"了解部分权利和义务"与"不了解"的受访者分别是就"对地方政府公信力的总体评价"选择"不信任"的受访者的 11.9 倍与 4.02 倍。以上的回归分析基本上表明,受访者对自己在农村土地征收、城市棚户区改造、公共品供给、环境污染治理中权利义务的了解程度越高,则他对地方政府公信力的评价也越高,即对地方政府的信任度相对也越高。

第二节　民众在新型城镇化过程中的诉求满足状况及其对地方政府公信力影响的分析

为探求和观测"民众在新型城镇化过程中的基本诉求及其满足状况"量表中不同变量之间的相互依存关系,首先需要对量表进行因子分析。

表 5-29　KMO 和 Bartlett 的检验

取样足够度的 Kaiser-Meyer-Olkin 度量		0.872
Bartlett 的球形度检验	近似卡方	17928.265
	df	105
	Sig.	0.000

表 5-30　旋转成分矩阵[a]

	成分			
	1	2	3	4
地方政府是否足额发放土地补偿金	0.293	0.918	0.049	0.089
地方政府是否足额发放拆迁补偿金	0.252	0.925	0.077	0.094
你对本地公共产品供给的评价	0.066	0.046	0.808	0.092

续表

	成分			
	1	2	3	4
在环境保护和污染治理方面你对地方政府的看法	0.097	0.046	0.812	−0.013
对地方政府做出的承诺是否满意	0.684	0.295	0.175	0.028
行政执法的公正性是否满意	0.702	0.279	0.045	−0.080
对政府制定政策的稳定性和连续性是否满意	0.769	0.207	0.100	−0.011
地方政府是否进行民主决策及居民参与度如何	0.428	0.404	0.018	0.386
你是否被邀请参加重大事情决策	0.034	0.062	0.034	0.900
你是否愿意去参加本地重大事情决策	0.348	0.080	0.094	0.258
你的政治参与度不高的原因	0.633	0.084	−0.051	0.132
是否满意地方政府政务公开的透明性	0.615	0.297	−0.005	0.182
地方政府是否经常收集民意并做反馈	0.607	0.173	0.069	0.485
是否满意政府对公众需求的回应性	0.771	0.157	0.071	0.101
如何评价地方政府工作人员的办事效率	0.737	0.044	0.109	0.150

注：提取方法：主成分。

旋转法：具有 Kaiser 标准化的正交旋转法。

a. 旋转在 5 次迭代后收敛。

　　如表 5-29、表 5-30 所示：对量表中不同变量进行主成分分析后可知，KMO 抽样适度测定值（Kaiser-Meyer-Olkin Measure of Sampling Adequacy）是 0.872>0.7，巴特利特球形检验值（Bartlett's Test of Sphericity）的显著性水平 Sig=0.000<0.001，很适合作因子分析。抽取 4 个主成分因子，这 4 个因子的累积方差贡献率达到了 62.1%，具有较好的解释力。公因子方差表中"提取"的值越大说明变量可以被公因子表达的越好，一般大于 0.5 即可以说能够被表达。我们经方差的最大正交旋转得到 4 个因子，从"旋转成分矩阵"表中可以看出：第一个公因子主要指政府行为；第二个公因子主要指补偿金的发放；第三个公因子主要指包括环境保护在内的公共品供给；第四个公因子主要指公民的政治参与。因子分析已经"将公民在新型城镇化过程中的基本诉求及其满足状况"量表中的不同变量进行了初步分类，但仍不是很清晰。在此基础上，围绕本项目的研究主题，我们拟从 3 个

方面分析地方政府公信力的影响因素。一是对受访者在新型城镇化过程中的诉求满足状况的分析，主要是对"地方政府在发放土地补偿金和拆迁补偿金时是否足额发放"以及"在公共产品供给和环境保护方面是否满意地方政府的作为"进行统计分析；二是对公共政策进行分析，主要是就"对地方政府政策制定的稳定性、连续性是否满意""对地方政府政务公开的透明性是否满意"以及"是否被地方政府邀请参加本地重大事情的决策"进行统计分析；三是对政府行为进行分析。主要是就"对地方政府在管理公共事务和提供公共服务过程中做出的承诺是否满意""对地方政府行政执法的公正性是否满意""对地方政府对公众需求的回应性是否满意"以及"对地方政府工作人员的办事效率是否满意"进行统计分析。

一 民众在新型城镇化过程中诉求满足状况的交互分析

新型城镇化是以人为核心的城镇化。推进新型城镇化的目的应该是让人民群众获得更多的物质利益和福祉。但实际上，一些地方政府在依靠行政力量推进新型城镇化的过程中，由于不注意方式方法，再加上其他因素的影响，往往忽视民众合理的利益诉求，导致各种矛盾和利益冲突加剧。这既影响了社会公平，又不利于社会和谐稳定。利益诉求是民众表达愿望、维护权利、反抗利益受到侵害的行为。民众合理的利益诉求如果没有得到及时妥善的解决，就很可能引发更多的社会问题。所以，地方政府必须严肃对待民众在新型城镇化建设过程中的合理诉求，尽力解决好民众在生产生活中遇到的实际困难，并且要顺应人民群众对美好生活的向往，不断提升公共服务的供给水平和供给效率，着力保障和改善民生，让人民群众有更多的获得感、幸福感。满意的生活水平、可靠的社会保障、优美的生态环境和优质的公共服务可以使人民群众对政府的信任度、满意度得到提升。

因此，受访者对"地方政府在发放土地补偿金和拆迁补偿金时是否足额发放"以及"在公共产品供给和环境保护方面是否满意地方政府的作为"的看法会直接影响到受访者对其居住地区的地方政府公信力的评价。这可以从受访者对"地方政府在发放土地补偿金和拆迁补偿金时是否足额发放"以及"在公共产品供给和环境保护方面是否满意地方政府的作为"的看法和受访者对地方政府公信力的总体评价的交互分析中看出来。

首先，对"地方政府在发放土地补偿金时是否足额发放"与"受访者对地方政府公信力的总体评价"进行交互分析，分析后得到以下结果，如表 5-31、表 5-32 所示。

表 5-31　对地方政府公信力的总体评价 ∗ 地方政府在发放土地补偿金时是否足额发放交叉表

| | | | 地方政府在发放土地补偿金时是否足额发放 | | | | 合计 |
			肯定有	可能有	没有	不知道	
对地方政府公信力的总体评价	非常信任	计数	60	77	9	12	158
		对地方政府公信力的总体评价中的百分比	38.0%	48.7%	5.7%	7.6%	100.0%
	信任	计数	64	356	171	89	680
		对地方政府公信力的总体评价中的百分比	9.4%	52.4%	25.1%	13.1%	100.0%
	基本信任	计数	135	404	215	297	1051
		对地方政府公信力的总体评价中的百分比	12.8%	38.4%	20.5%	28.3%	100.0%
	不信任	计数	24	97	279	229	629
		对地方政府公信力的总体评价中的百分比	3.8%	15.4%	44.4%	36.4%	100.0%
	非常不信任	计数	0	26	34	37	97
		对地方政府公信力的总体评价中的百分比	0.0%	26.8%	35.1%	38.1%	100.0%
合计		计数	283	960	708	664	2615
		对地方政府公信力的总体评价中的百分比	10.8%	36.7%	27.1%	25.4%	100.0%

经卡方检验发现，受访者关于地方政府在发放土地补偿金时是否足额发放的看法不同，则受访者对地方政府公信力总体评价也有显著的差异。从交

表 5-32　卡方检验

	值	df	渐进 Sig.（双侧）
Pearson 卡方	500.727ᵃ	12	0.000
似然比	508.811	12	0.000
线性和线性组合	302.324	1	0.000
有效案例中的 N	2615		

a. 0 单元格（.0%）的期望计数少于 5。最小期望计数为 10.50。

互分析表中可以看出：在地方政府公信力的总体评价中选择"非常信任"的受访者有 38% 认为地方政府在发放土地补偿金时"肯定有"足额发放，有 48.7% 认为地方政府在发放土地补偿金时"可能有"足额发放；对地方政府公信力的总体评价为"信任"的受访者有 52.4% 认为地方政府在发放土地补偿金时"可能有"足额发放。而对地方政府公信力的总体评价为"不信任"的受访者有 44.4% 认为地方政府在发放土地补偿金时"没有"足额发放，36.4% 则回答"不知道"；对地方政府公信力的总体评价为"非常不信任"的受访者有 35.1% 认为地方政府在发放土地补偿金时"没有"足额发放，38.1% 则回答"不知道"。可见受访者越是认为地方政府足额发放了土地补偿金，对地方政府公信力的总体评价就越高；而认为地方政府没有足额发放土地补偿金的受访者对地方政府公信力的总体评价就较低。

其次，对"地方政府在发放拆迁补偿金时是否足额发放"与"对地方政府公信力的总体评价"进行交互分析，分析后得到以下分析结果如表 5-33、表 5-34 所示。

经卡方检验发现，受访者关于地方政府在发放拆迁补偿金时是否足额发放的看法不同，则对地方政府公信力总体评价也有显著的差异。从交互分析表中可以看出：对地方政府公信力的总体评价为"非常信任"的受访者有 50% 认为地方政府在发放拆迁补偿金时"肯定有"足额发放，有 39.9% 认为地方政府在发放拆迁补偿金时"可能有"足额发放；对地方政府公信力的总体评价为"信任"的受访者有 48.8% 认为地方政府在发放拆迁补偿金时"可能有"足额发放。而对地方政府公信力的总体评价为"不信任"的

表 5-33 对地方政府公信力的总体评价 ＊ 地方政府在发放拆迁补偿金时
是否足额发放交叉表

| | | | 地方政府在发放拆迁补偿金时是否足额发放 | | | | 合计 |
			肯定有	可能有	没有	不知道	
对地方政府公信力的总体评价	非常信任	计数	79	63	4	12	158
		对地方政府公信力的总体评价中的百分比	50.0%	39.9%	2.5%	7.6%	100.0%
	信任	计数	118	332	143	87	680
		对地方政府公信力的总体评价中的百分比	17.4%	48.8%	21.0%	12.8%	100.0%
	基本信任	计数	198	391	176	286	1051
		对地方政府公信力的总体评价中的百分比	18.8%	37.2%	16.7%	27.2%	100.0%
	不信任	计数	22	158	226	223	629
		对地方政府公信力的总体评价中的百分比	3.5%	25.1%	35.9%	35.5%	100.0%
	非常不信任	计数	1	26	33	37	97
		对地方政府公信力的总体评价中的百分比	1.0%	26.8%	34.0%	38.1%	100.0%
合计		计数	418	970	582	645	2615
		对地方政府公信力的总体评价中的百分比	16.0%	37.1%	22.3%	24.7%	100.0%

表 5-34 卡方检验

	值	df	渐进 Sig.（双侧）
Pearson 卡方	446.483[a]	12	0.000
似然比	464.607	12	0.000
线性和线性组合	301.824	1	0.000
有效案例中的 N	2615		

a. 0 单元格（.0%）的期望计数少于 5。最小期望计数为 15.51。

受访者有 35.9% 认为地方政府在发放拆迁补偿金时"没有"足额发放，
35.5% 则回答"不知道"；对地方政府公信力的总体评价为"非常不信任"

的受访者有 34% 认为地方政府在发放拆迁补偿金时"没有"足额发放，38.1%则回答"不知道"。可见越相信地方政府足额发放了拆迁补偿金的受访者对地方政府公信力总体评价越高；而越是认为地方政府没有足额发放拆迁补偿金的受访者对地方政府公信力总体评价越低。

再次，对"关于本地公共产品供给的评价"与"对地方政府公信力的总体评价"进行交互分析，分析后得到以下结果，如表5-35、表5-36所示。

表 5-35 对地方政府公信力的总体评价 * 关于对本地公共产品供给的评价交叉表

| | | | 关于对本地公共产品供给的评价 | | | | | 合计 |
			很满意	比较满意	一般	不太满意	很不满意	
对地方政府公信力的总体评价	非常信任	计数	12	73	56	11	6	158
		对地方政府公信力的总体评价中的百分比	7.6%	46.2%	35.4%	7.0%	3.8%	100.0%
	信任	计数	43	188	201	186	62	680
		对地方政府公信力的总体评价中的百分比	6.3%	27.6%	29.6%	27.4%	9.1%	100.0%
	基本信任	计数	31	255	353	307	105	1051
		对地方政府公信力的总体评价中的百分比	2.9%	24.3%	33.6%	29.2%	10.0%	100.0%
	不信任	计数	9	98	239	220	63	629
		对地方政府公信力的总体评价中的百分比	1.4%	15.6%	38.0%	35.0%	10.0%	100.0%
	非常不信任	计数	0	27	36	27	7	97
		对地方政府公信力的总体评价中的百分比	0.0%	27.8%	37.1%	27.8%	7.2%	100.0%
合计		计数	95	641	885	751	243	2615
		对地方政府公信力的总体评价中的百分比	3.6%	24.5%	33.8%	28.7%	9.3%	100.0%

表 5-36　卡方检验

	值	df	渐进 Sig.（双侧）
Pearson 卡方	136.662[a]	16	0.000
似然比	147.825	16	0.000
线性和线性组合	66.261	1	0.000
有效案例中的 N	2615		

a. 1 单元格（4.0%）的期望计数少于 5。最小期望计数为 3.52。

经卡方检验发现，受访者关于本地公共产品供给状况的评价不同，对地方政府公信力总体评价也有显著的差异。从交互分析表中可以看出：对地方政府公信力的总体评价为"非常信任"的受访者有 7.6% 对本地公共产品供给状况评价"很满意"，有 46.2% 对本地公共产品供给状况评价"比较满意"；对地方政府公信力的总体评价为"信任"的受访者有 27.6% 对本地公共产品供给状况评价"比较满意"。而对地方政府公信力的总体评价"不信任"的受访者有 35% 对本地公共产品供给状况评价"不太满意"，10% 则回答"很不满意"；对地方政府公信力的总体评价为"非常不信任"的受访者有 27.8% 对本地公共产品供给状况评价"不太满意"，7.2% 则回答"很不满意"。可见受访者对本地公共产品供给状况评价越高，则对地方政府公信力总体评价越高；而受访者对本地公共产品供给状况评价越低，则对地方政府公信力总体评价越低。

最后，对"关于地方政府在环境保护和污染治理方面的看法"与"对地方政府公信力的总体评价"进行交互分析，分析后得到以下结果，如表5-37、表5-38 所示。

经卡方检验发现，受访者关于地方政府在环境保护和污染治理方面的看法不同，对地方政府公信力总体评价也有显著的差异。从交互分析表中可以看出：对地方政府公信力的总体评价为"非常信任"的受访者有 8.9% 对地方政府在环境保护和污染治理方面的作为"很满意"，有 38% 对地方政府在环境保护和污染治理方面的作为"比较满意"；对地方政府公信力的总体评

表 5-37 对地方政府公信力的总体评价 * 关于地方政府在环境保护和污染
治理方面的看法交叉表

| | | | 关于地方政府在环境保护和污染治理方面的看法 | | | | | 合计 |
			很满意	比较满意	一般	不太满意	很不满意	
对地方政府公信力的总体评价	非常信任	计数	14	60	58	20	6	158
		对地方政府公信力的总体评价中的百分比	8.9%	38.0%	36.7%	12.7%	3.8%	100.0%
	信任	计数	29	82	229	269	71	680
		对地方政府公信力的总体评价中的百分比	4.3%	12.1%	33.7%	39.6%	10.4%	100.0%
	基本信任	计数	11	161	339	405	135	1051
		对地方政府公信力的总体评价中的百分比	1.0%	15.3%	32.3%	38.5%	12.8%	100.0%
	不信任	计数	3	63	226	244	93	629
		对地方政府公信力的总体评价中的百分比	0.5%	10.0%	35.9%	38.8%	14.8%	100.0%
	非常不信任	计数	0	13	34	39	11	97
		对地方政府公信力的总体评价中的百分比	0.0%	13.4%	35.1%	40.2%	11.3%	100.0%
合计		计数	57	379	886	977	316	2615
		对地方政府公信力的总体评价中的百分比	2.2%	14.5%	33.9%	37.4%	12.1%	100.0%

表 5-38 卡方检验

	值	df	渐进 Sig.（双侧）
Pearson 卡方	179.243[a]	16	0.000
似然比	164.147	16	0.000
线性和线性组合	65.751	1	0.000
有效案例中的 N	2615		

a. 2 单元格（8.0%）的期望计数少于 5。最小期望计数为 2.11。

价为"信任"的受访者有 12.1% 对地方政府在环境保护和污染治理方面的作为"比较满意"。而对地方政府公信力的总体评价为"不信任"的受访者有 38.8% 对地方政府在环境保护和污染治理方面的作为"不太满意"，14.8% 则回答"很不满意"；对地方政府公信力的总体评价为"非常不信任"的受访者有 40.2 对本地公共产品供给状况评价"不太满意"，11.3%则回答"很不满意"。可见对地方政府在环境保护和污染治理方面的作为评价越高的受访者对地方政府公信力总体评价就越高；而受访者对地方政府在环境保护和污染治理方面的作为评价越低的受访者对地方政府公信力总体评价就越低。

综上所述，在控制其他变量的情况下，受访者对"地方政府在发放土地补偿金和拆迁补偿金时是否足额发放"以及"在公共产品供给和环境保护及污染治理方面是否满意地方政府的作为"的看法不同，则对地方政府公信力的总体评价也不同。这也说明，受访者在新型城镇化过程中诉求的满足状况对地方政府公信力有显著影响。

二　民众在新型城镇化过程中的诉求满足状况对地方政府公信力影响的回归分析

1. 受访者关于地方政府在发放土地补偿金时是否按照国家法律政策足额发放的看法对地方政府公信力影响的多项 Logistic 回归分析

以受访者关于地方政府在发放土地补偿金时是否按照国家法律政策足额发放的看法为自变量，以受访者对地方政府公信力的评价情况为因变量，运用 SPSS20 统计软件进行多项 Logistic 回归分析，分析结果如表 5-39、表 5-40、表 5-41 所示。

表 5-39　伪 R^2

Cox & Snell	0.509
Nagelkerke	0.530
McFadden	0.221

表 5-40　似然比检验

效应	模型拟合标准	似然比检验		
	简化后的模型的 −2 倍似然对数值	卡方	df	显著水平
地方政府在发放土地补偿金时是否足额发放	1945.931	1859.896	16	0.000

注：卡方统计量是最终模型与简化后模型之间在 −2 倍似然对数值中的差值。通过从最终模型中省略效应而形成简化后的模型。零假设就是该效应的所有参数均为 0。

表 5-41　参数估计

对地方政府公信力的总体评价[a]		B	标准误	Wald	df	显著水平	Exp（B）	Exp（B）的置信区间 95%	
								下限	上限
非常信任	[地方政府在发放土地补偿金时是否足额发放=1]	19.479	0.242	6504.331	1	0.000	2.881	1.794	4.625
	[地方政府在发放土地补偿金时是否足额发放=2]	1.086	0.227	22.912	1	0.000	2.962	1.899	4.619
	[地方政府在发放土地补偿金时是否足额发放=3]	−1.329	0.375	12.572	1	0.000	0.265	0.127	0.552
	[地方政府在发放土地补偿金时是否足额发放=4]	−1.126	0.332	11.489	1	0.001	0.324	0.169	0.622
信任	[地方政府在发放土地补偿金时是否足额发放=1]	19.543	0.239	6666.550	1	0.000	3.073	1.922	4.912
	[地方政府在发放土地补偿金时是否足额发放=2]	2.617	0.203	165.925	1	0.000	13.692	9.195	20.389
	[地方政府在发放土地补偿金时是否足额发放=3]	1.615	0.188	74.000	1	0.000	5.029	3.481	7.267
	[地方政府在发放土地补偿金时是否足额发放=4]	0.878	0.196	20.134	1	0.000	2.405	1.639	3.529
基本信任	[地方政府在发放土地补偿金时是否足额发放=1]	20.290	0.222	8388.720	1	0.000	6.481	4.199	1.001
	[地方政府在发放土地补偿金时是否足额发放=2]	2.743	0.202	183.839	1	0.000	15.538	10.452	23.101
	[地方政府在发放土地补偿金时是否足额发放=3]	1.844	0.185	99.855	1	0.000	6.324	4.404	9.079
	[地方政府在发放土地补偿金时是否足额发放=4]	2.083	0.174	142.729	1	0.000	8.027	5.704	11.297

续表

对地方政府公信力的总体评价^a		B	标准误	Wald	df	显著水平	Exp（B）	Exp（B）的置信区间 95%	
								下限	上限
不信任	［地方政府在发放土地补偿金时是否足额发放 = 1］	18.562	0.000	0.	1	0.	1.152	1.152	1.152
	［地方政府在发放土地补偿金时是否足额发放 = 2］	1.317	0.221	35.543	1	0.000	3.731	2.420	5.751
	［地方政府在发放土地补偿金时是否足额发放 = 3］	2.105	0.182	134.271	1	0.000	8.206	5.748	11.715
	［地方政府在发放土地补偿金时是否足额发放 = 4］	1.823	0.177	105.837	1	0.000	6.189	4.373	8.759

a. 参考类别是：非常不信任。

由上表可知，回归模型卡方值为 1859.896，$P = 0.000 < 0.001$，具有统计学意义。-2 倍的似然对数值为 1945.931，Cox & Snell R^2 为 0.509，而由 Nagelkerke R^2 可知，全部自变量可以解释因变量的 53.0%，这说明自变量"关于地方政府在发放土地补偿金时是否按照国家法律政策足额发放的看法"对因变量"对地方政府公信力的评价"有较强的解释力。

从 Exp（B）值即发生比率 OR 值可以看出，对"认为地方政府在发放土地补偿金时是否按照国家法律政策足额发放"选择"肯定有"与"可能有"的受访者分别是在"对地方政府公信力的总体评价"选择"非常信任"的受访者的 2.88 倍与 2.96 倍；对"您认为地方政府在发放土地补偿金时是否按照国家法律政策足额发放"选择"肯定有"与"可能有"的受访者分别是在"对地方政府公信力的总体评价"选择"信任"的受访者的 3.07 倍与 13.69 倍；对"您认为地方政府在发放土地补偿金时是否按照国家法律政策足额发放"选择"肯定有"与"可能有"的受访者分别是在"您对地方政府公信力的总体评价"选择"基本信任"的受访者的 6.48 倍与 15.54 倍。而在"您认为地方政府在发放土地补偿金时是否按照国家法律政策足额发放"选择"没有"的受访者是在"对地方政府公信力的总体评价"选择"不信任"的受访者的 8.21 倍。以上的回归分析基本上表明，受访者越是认为地方政府在发放土地补偿金时能够按照国家法律政策足额发放，对地方政府公信力的评价就越高，即对地方政府的信任度相对就越高。

2. 受访者关于地方政府在发放拆迁补偿金时是否按照国家法律政策足额发放的看法对地方政府公信力影响的多项 Logistic 回归分析

以"受访者关于地方政府在发放拆迁补偿金时是否按照国家法律政策足额发放的看法"为自变量，以"对地方政府公信力的总体评价"情况为因变量，运用 SPSS20 统计软件进行多项 Logistic 回归分析，分析结果如表5-42、表 5-43、表 5-44 所示。

表 5-42　伪 R^2

Cox & Snell	0.501
Nagelkerke	0.521
McFadden	0.216

表 5-43　似然比检验

效应	模型拟合标准	似然比检验		
	简化后的模型的 −2 倍似然对数值	卡方	df	显著水平
地方政府在发放拆迁补偿金时是否足额发放	1903.424	1815.693	16	0.000

注：卡方统计量是最终模型与简化后模型之间在−2 倍似然对数值中的差值。通过从最终模型中省略效应而形成简化后的模型。零假设就是该效应的所有参数均为 0。

表 5-44　参数估计

对地方政府公信力的总体评价[a]		B	标准误	Wald	df	显著水平	Exp (B)	Exp(B) 的置信区间 95%	
								下限	上限
非常信任	[地方政府在发放拆迁补偿金时是否足额发放=1]	4.369	1.006	18.853	1	0.000	79.000	10.991	567.805

续表

对地方政府公信力的总体评价[a]		B	标准误	Wald	df	显著水平	Exp（B）	Exp（B）的置信区间95%	
								下限	上限
非常信任	［地方政府在发放拆迁补偿金时是否足额发放＝2］	0.885	0.233	14.416	1	0.000	2.423	1.534	3.826
	［地方政府在发放拆迁补偿金时是否足额发放＝3］	-2.110	0.529	15.886	1	0.000	0.121	0.043	0.342
	［地方政府在发放拆迁补偿金时是否足额发放＝4］	-1.126	0.332	11.489	1	0.001	0.324	0.169	0.622
信任	［地方政府在发放拆迁补偿金时是否足额发放＝1］	4.771	1.004	22.568	1	0.000	118.000	16.485	844.662
	［地方政府在发放拆迁补偿金时是否足额发放＝2］	2.547	0.204	156.423	1	0.000	12.769	8.567	19.033
	［地方政府在发放拆迁补偿金时是否足额发放＝3］	1.466	0.193	57.651	1	0.000	4.333	2.968	6.327
	［地方政府在发放拆迁补偿金时是否足额发放＝4］	0.855	0.196	18.977	1	0.000	2.351	1.600	3.454
基本信任	［地方政府在发放拆迁补偿金时是否足额发放＝1］	5.288	1.003	27.825	1	0.000	198.000	27.753	1412.58
	［地方政府在发放拆迁补偿金时是否足额发放＝2］	2.711	0.203	179.122	1	0.000	15.038	10.111	22.367
	［地方政府在发放拆迁补偿金时是否足额发放＝3］	1.674	0.190	77.872	1	0.000	5.333	3.677	7.735
	［地方政府在发放拆迁补偿金时是否足额发放＝4］	2.045	0.175	137.020	1	0.000	7.730	5.488	10.886
不信任	［地方政府在发放拆迁补偿金时是否足额发放＝1］	3.091	1.022	9.139	1	0.003	22.000	2.965	163.213
	［地方政府在发放拆迁补偿金时是否足额发放＝2］	1.804	0.212	72.699	1	0.000	6.077	4.014	9.201
	［地方政府在发放拆迁补偿金时是否足额发放＝3］	1.924	0.186	106.597	1	0.000	6.848	4.753	9.868
	［地方政府在发放拆迁补偿金时是否足额发放＝4］	1.796	0.178	102.393	1	0.000	6.027	4.256	8.535

a. 参考类别是：非常不信任。

由上表可知，回归模型卡方值为 1815.693，P = 0.000 < 0.001，具有统计学意义。-2 倍的似然对数值为 1903.424，Cox & Snell R^2 为 0.501，而由 Nagelkerke R^2 可知，全部自变量可以解释因变量的 52.1%，这说明自变量"关于地方政府在发放拆迁补偿金时是否按照国家法律政策足额发放的看法"对因变量"公民对地方政府公信力的总体评价"有较强的解释力。

从 Exp（B）值即发生比率 OR 值可以看出，在回答"您认为地方政府在发放拆迁补偿金时是否按照国家法律政策足额发放"时选择"肯定有"与"可能有"的受访者分别是在回答"您对地方政府公信力的总体评价"时选择"非常信任"的受访者的 79 倍与 2.42 倍；在回答"您认为地方政府在发放拆迁补偿金时是否按照国家法律政策足额发放"时选择"肯定有"与"可能有"的受访者分别是回答"您对地方政府公信力的总体评价"时选择"信任"的受访者的 118 倍与 12.77 倍；回答"您认为地方政府在发放拆迁补偿金时是否按照国家法律政策足额发放"时选择"肯定有"与"可能有"的受访者分别是就"您对地方政府公信力的总体评价"选择"基本信任"的受访者的 198 倍与 15.03 倍。而回答"您认为地方政府在发放拆迁补偿金时是否按照国家法律政策足额发放"时选择"没有"的受访者是就"您对地方政府公信力的总体评价"选择"不信任"的受访者的 6.85 倍。以上的回归分析基本上表明，受访者越是认为地方政府在发放拆迁补偿金时能够按照国家法律政策足额发放的，对地方政府公信力的评价就越高，即对地方政府的信任度相对也越高。

3. 受访者关于本地包括供水、供电、供气和其他基础设施在内的公共产品供给状况的看法对地方政府公信力影响的多项 Logistic 回归分析

以"受访者关于本地包括供水、供电、供气和其他基础设施在内的公共产品供给状况的看法"为自变量，以"对地方政府公信力的总体评价"情况为因变量，运用 SPSS20 统计软件进行多项 Logistic 回归分析，分析结果如表 5-45、表 5-46、表 5-47 所示。

表 5-45　伪 R^2

Cox & Snell	0.436
Nagelkerke	0.454
McFadden	0.178

表 5-46　似然比检验

效应	模型拟合标准	似然比检验		
	简化后的模型的 -2 倍似然对数值	卡方	df	显著水平
对本地公共产品供给的评价	1601.839	1498.911	20	0.000

注：卡方统计量是最终模型与简化后模型之间在 -2 倍似然对数值中的差值。通过从最终模型中省略效应而形成简化后的模型。零假设就是该效应的所有参数均为 0。

表 5-47　参数估计

对地方政府公信力的总体评价[a]		B	标准误	Wald	df	显著水平	Exp(B)	Exp(B)的置信区间 95%	
								下限	上限
非常信任	[对本地公共产品供给的评价=1]	18.931	0.441	1843.116	1	0.000	1.666	70193257.186	3.954
	[对本地公共产品供给的评价=2]	0.995	0.225	19.499	1	0.000	2.704	1.739	4.204
	[对本地公共产品供给的评价=3]	0.442	0.214	4.278	1	0.039	1.556	1.023	2.364
	[对本地公共产品供给的评价=4]	-.898	0.358	6.302	1	0.012	0.407	0.202	0.821
	[对本地公共产品供给的评价=5]	-.154	0.556	0.077	1	0.782	0.857	0.288	2.550
信任	[对本地公共产品供给的评价=1]	20.207	0.367	3038.960	1	0.000	5.969	2.910	1.224
	[对本地公共产品供给的评价=2]	1.941	0.206	88.911	1	0.000	6.963	4.652	10.423
	[对本地公共产品供给的评价=3]	1.720	0.181	90.302	1	0.000	5.583	3.916	7.961

续表

对地方政府公信力的 总体评价[a]		B	标准误	Wald	df	显著 水平	Exp （B）	Exp（B）的 置信区间95%	
								下限	上限
信任	［对本地公共产品 供给的评价=4］	1.930	0.206	87.815	1	0.000	6.889	4.601	10.315
	［对本地公共产品 供给的评价=5］	2.181	0.399	29.925	1	0.000	8.857	4.054	19.351
基本 信任	［对本地公共产品 供给的评价=1］	19.880	0.379	2756.650	1	0.000	4.303	2.049	9.039
	［对本地公共产品 供给的评价=2］	2.245	0.202	123.098	1	0.000	9.444	6.352	14.043
	［对本地公共产品 供给的评价=3］	2.283	0.175	170.263	1	0.000	9.806	6.959	13.816
	［对本地公共产品 供给的评价=4］	2.431	0.201	146.666	1	0.000	11.37	7.672	16.852
	［对本地公共产品 供给的评价=5］	2.708	0.390	48.126	1	0.000	15.00	6.979	32.238
不信任	［对本地公共产品 供给的评价=1］	18.643	0.000	0.	1	0.	1.249	1.249	1.249
	［对本地公共产品 供给的评价=2］	1.289	0.217	35.178	1	0.000	3.630	2.371	5.557
	［对本地公共产品 供给的评价=3］	1.893	0.179	112.110	1	0.000	6.639	4.676	9.425
	［对本地公共产品 供给的评价=4］	2.098	0.204	105.831	1	0.000	8.148	5.464	12.152
	［对本地公共产品 供给的评价=5］	2.197	0.398	30.415	1	0.000	9.000	4.122	19.650

a. 参考类别是：非常不信任。

由表5-46可知，回归模型卡方值为1498.91，$P = 0.000 < 0.001$，具有统计学意义。-2倍的似然对数值为1601.839，Cox & Snell R^2为0.436，而由Nagelkerke R^2可知，全部自变量可以解释因变量的45.4%，这说明自变量"关于本地包括供水、供电、供气和其他基础设施在内的公共产品供给

状况的看法"对因变量"对地方政府公信力的总体评价"有较强的解释力。

从 Exp（B）值即发生比率 OR 值可以看出，回答"您对本地包括供水、供电、供气和其他基础设施在内的公共产品供给的基本状况的评价"时选择"很满意"与"比较满意"的受访者，分别是就"对地方政府公信力的总体评价"选择"非常信任"的受访者的 1.67 倍与 2.70 倍；回答"您对本地包括供水、供电、供气和其他基础设施在内的公共产品供给的基本状况的评价"时选择"很满意"与"比较满意"的受访者分别是就"对地方政府公信力的总体评价"选择"信任"的受访者的 5.97 倍与 6.96 倍；回答"您对本地包括供水、供电、供气和其他基础设施在内的公共产品供给的基本状况的评价"时选择"很满意"与"比较满意"的受访者分别是回答"对地方政府公信力的总体评价"时选择"基本信任"的受访者的 4.3 倍与 9.4 倍。而回答"您对本地包括供水、供电、供气和其他基础设施在内的公共产品供给的基本状况的评价"时选择"不太满意"和"很不满意"的受访者是回答"对地方政府公信力的总体评价"时选择"不信任"的受访者的 8.15 倍和 9 倍。以上的回归分析基本上表明，受访者对本地包括供水、供电、供气和其他基础设施在内的公共产品供给状况评价越高，则对地方政府公信力的评价也越高，即对地方政府的信任度相对也越高。

4. 受访者关于地方政府在环境保护和污染治理方面是否尽职尽责的看法对地方政府公信力影响的多项 Logistic 回归分析

以受访者关于地方政府在环境保护和污染治理方面的看法为自变量，以"受访者对地方政府公信力的总体评价"情况为因变量，运用 SPSS20 统计软件进行多项 Logistic 回归分析，分析结果如表 5-48、表 5-49、表 5-50 所示。

表 5-48　伪 R^2

Cox & Snell	0.440
Nagelkerke	0.458
McFadden	0.180

表 5-49　似然比检验

效应	模型拟合标准	似然比检验		
	简化后的模型的 -2 倍似然对数值	卡方	df	显著水平
在环境保护和污染治理方面对地方政府的看法	1616.628	1515.233	20	0.000

注：卡方统计量是最终模型与简化后模型之间在-2 倍似然对数值中的差值。通过从最终模型中省略效应而形成简化后的模型。零假设就是该效应的所有参数均为 0。

表 5-50　参数估计

对地方政府公信力的总体评价[a]		B	标准误	Wald	df	显著水平	Exp (B)	Exp(B)的置信区间 95%	
								下限	上限
非常信任	[对地方政府在环境保护和污染治理方面的看法 = 1]	20.726	0.636	1061.243	1	0.000	1.002	2.881	3.488
	[对地方政府在环境保护和污染治理方面的看法 = 2]	1.529	0.306	24.993	1	0.000	4.615	2.534	8.406
	[对地方政府在环境保护和污染治理方面的看法 = 3]	0.534	0.216	6.114	1	0.013	1.706	1.117	2.605
	[对地方政府在环境保护和污染治理方面的看法 = 4]	-.668	0.275	5.896	1	0.015	0.513	0.299	0.879
	[对地方政府在环境保护和污染治理方面的看法 = 5]	-.606	0.508	1.426	1	0.232	0.545	0.202	1.475
信任	[对地方政府在环境保护和污染治理方面的看法 = 1]	21.454	0.606	1251.352	1	0.000	2.076	6.325	6.816
	[对地方政府在环境保护和污染治理方面的看法 = 2]	1.842	0.299	38.063	1	0.000	6.308	3.514	11.323

续表

对地方政府公信力的总体评价[a]		B	标准误	Wald	df	显著水平	Exp（B）	Exp（B）的置信区间95%	
								下限	上限
信任	［对地方政府在环境保护和污染治理方面的看法＝3］	1.907	0.184	107.702	1	0.000	6.735	4.698	9.656
	［对地方政府在环境保护和污染治理方面的看法＝4］	1.931	0.171	127.028	1	0.000	6.897	4.930	9.650
	［对地方政府在环境保护和污染治理方面的看法＝5］	1.865	0.324	33.120	1	0.000	6.455	3.420	12.181
基本信任	［对地方政府在环境保护和污染治理方面的看法＝1］	20.484	0.651	989.086	1	0.000	7.876	2.197	2.823
	［对地方政府在环境保护和污染治理方面的看法＝2］	2.516	0.288	76.173	1	0.000	12.385	7.038	21.793
	［对地方政府在环境保护和污染治理方面的看法＝3］	2.300	0.180	163.414	1	0.000	9.971	7.008	14.186
	［对地方政府在环境保护和污染治理方面的看法＝4］	2.340	0.168	194.845	1	0.000	10.385	7.476	14.425
	［对地方政府在环境保护和污染治理方面的看法＝5］	2.507	0.314	63.946	1	0.000	12.273	6.638	22.690
不信任	［对地方政府在环境保护和污染治理方面的看法＝1］	19.185	0.000	0.	1	0.	2.148	2.148	2.148
	［对地方政府在环境保护和污染治理方面的看法＝2］	1.578	0.305	26.840	1	0.000	4.846	2.667	8.804
	［对地方政府在环境保护和污染治理方面的看法＝3］	1.894	0.184	106.036	1	0.000	6.647	4.635	9.532

续表

对地方政府公信力的总体评价ᵃ		B	标准误	Wald	df	显著水平	Exp(B)	Exp(B)的置信区间95%	
								下限	上限
不信任	［对地方政府在环境保护和污染治理方面的看法=4］	1.834	0.172	113.053	1	0.000	6.256	4.462	8.772
	［对地方政府在环境保护和污染治理方面的看法=5］	2.135	0.319	44.825	1	0.000	8.455	4.526	15.794

a. 参考类别是：非常不信任。

由上表可知，回归模型卡方值为 1515.233，P=0.000<0.001，具有统计学意义。−2 倍的似然对数值为 1616.628，Cox & Snell R^2 为 0.44，而由 Nagelkerke R^2 可知，全部自变量可以解释因变量的 45.8%，这说明自变量"关于地方政府在环境保护和污染治理方面的看法"对因变量"公民对地方政府公信力的总体评价"有较强的解释力。

从 Exp（B）值即发生比率 OR 值可以看出，回答"对地方政府在环境保护和污染治理方面的看法"时选择"很满意"与"比较满意"的受访者分别是回答"对地方政府公信力的总体评价"时选择"非常信任"的受访者的 1.00 倍与 4.62 倍；回答"对地方政府在环境保护和污染治理方面的看法"时选择"很满意"与"比较满意"的受访者分别是回答"对地方政府公信力的总体评价"时选择"信任"的受访者的 2.08 倍与 6.31 倍；回答"关于地方政府在环境保护和污染治理方面的看法"时选择"很满意"与"比较满意"的受访者分别是回答"对地方政府公信力的总体评价"时选择"基本信任"的受访者的 7.88 倍与 12.39 倍。而回答"对地方政府在环境保护和污染治理方面的看法"时选择"不太满意"和"很不满意"的受访者是就"对地方政府公信力的总体评价"时选择"不信任"的受访者的 6.26 倍和 8.46 倍。以上的回归分析基本上表明，受访者认为地方政府在环境保护和污染治理方面做得越好，则对地方政府公信力的评价也越高，即对地方政府的信任度相对也越高。

第三节　地方政府的公共政策对其公信力影响的分析

一　受访者对地方政府公共政策实施效果评价的方差分析

公共政策是政府为解决公共问题、实现公共目标、增进公共利益，经过一定的政治过程制定的行为准则和方案。大卫·伊斯顿（David Easton）认为公共政策是对全社会的价值进行权威性分配。[①] 政府就是通过公共政策来对全社会的公共利益和公共价值进行权威性的分配，对各种社会问题进行宏观调控。公共政策一旦经过权威机构的合法确认，在政策执行过程中就具有强制性，任何单位和个人如果故意违反或不遵守，就一定会受到相应的惩罚。公共政策作为一种抽象行政行为，它的制定和实施会极大地影响社会的公共福利与公民个体的利益状况。盖伊·彼得斯（B. Guy Peters）就指出，公共政策是"政府活动（不管是直接的还是间接的），因为这些活动对公民的生活产生影响"。[②] 所以，政府在制定公共政策时必须慎之又慎，一定要充分运用现代科学技术知识及方法，遵循民主、科学的决策程序。公共政策必须以公共福利作为价值归宿，体现公共意志。经过民主科学程序制定出来的好的公共政策能够充分反映民意、增进社会福利，肯定能够得到群众的拥护；而不好的公共政策则会损害政府在群众心目中的威信，导致群众对政府产生信任危机。

所以，地方政府制定的公共政策会直接影响到民众对其居住地区的地方政府公信力的评价。这可以从对"关于地方政府政策制定的稳定性、连续性"的看法、"关于是否被地方政府邀请参加本地重大事情的决策"的看法以及"地方政府政务公开的透明性"的看法和就"对地方政府公信力的总体评价"的交互分析中看出来。

---

① 〔美〕戴维·伊斯顿：《政治体系——政治学状况研究》，马清槐译，商务印书馆，1993，第 23 页。

② 〔美〕盖伊·彼得斯：《美国的公共政策——承诺与执行》（第六版），顾丽梅、姚建华等译，竺乾威校，复旦大学出版社，2008，第 4 页。

首先，将"关于地方政府政策制定的稳定性、连续性"的看法与"对地方政府公信力的总体评价"进行交互分析，分析后得到以下结果，如表5-51、表5-52所示。

表5-51　对地方政府公信力的总体评价＊关于地方政府政策制定的稳定性、连续性的看法交叉表

| | | | 关于地方政府制定政策的稳定性、连续性的看法 | | | | | 合计 |
			很满意	比较满意	一般	不太满意	很不满意	
对地方政府公信力的总体评价	非常信任	计数	32	96	25	5	0	158
		对地方政府公信力的总体评价中的百分比	20.3%	60.8%	15.8%	3.2%	0.0%	100.0%
	信任	计数	13	320	294	45	8	680
		对地方政府公信力的总体评价中的百分比	1.9%	47.1%	43.2%	6.6%	1.2%	100.0%
	基本信任	计数	44	198	624	161	24	1051
		对地方政府公信力的总体评价中的百分比	4.2%	18.8%	59.4%	15.3%	2.3%	100.0%
	不信任	计数	1	13	247	282	86	629
		对地方政府公信力的总体评价中的百分比	0.2%	2.1%	39.3%	44.8%	13.7%	100.0%
	非常不信任	计数	0	7	41	26	23	97
		对地方政府公信力的总体评价中的百分比	0.0%	7.2%	42.3%	26.8%	23.7%	100.0%
合计		计数	90	634	1231	519	141	2615
		对地方政府公信力的总体评价中的百分比	3.4%	24.2%	47.1%	19.8%	5.4%	100.0%

表5-52　卡方检验

	值	df	渐进 Sig.（双侧）
Pearson 卡方	1104.462[a]	16	0.000
似然比	1053.107	16	0.000
线性和线性组合	734.711	1	0.000
有效案例中的 N	2615		

a. 1 单元格（4.0%）的期望计数少于 5。最小期望计数为 3.34。

经卡方检验发现，受访者关于地方政府政策制定的稳定性、连续性的看法不同，则受访者对地方政府公信力总体评价也有显著的差异。从表5-51中可以看出：对地方政府公信力的总体评价为"非常信任"的受访者有20.3%对地方政府政策制定的稳定性、连续性"很满意"，有60.8%对地方政府政策制定的稳定性、连续性"比较满意"；对地方政府公信力的总体评价为"信任"的受访者有47.1%对地方政府政策制定的稳定性、连续性"比较满意"。而对地方政府公信力的总体评价为"不信任"的受访者有44.8%对地方政府政策制定的稳定性、连续性"不太满意"，13.7%的受访者则回答"很不满意"；对地方政府公信力的总体评价为"非常不信任"的受访者有26.8%对地方政府政策制定的稳定性、连续性"不太满意"，23.7%的受访者则回答"很不满意"。可见受访者对地方政府政策制定的稳定性、连续性评价越高，则对地方政府公信力总体评价越高；而受访者对地方政府政策制定的稳定性、连续性评价越低，对地方政府公信力总体评价就越低。

其次，将"关于是否被地方政府邀请参加本地重大事情的决策"的看法与"对地方政府公信力的总体评价"的结果进行交互分析，分析后得到以下结果，如表5-53、表5-54所示。

表5-53　对地方政府公信力的总体评价 * 关于是否被地方政府邀请参加本地重大事情的决策交叉表

			关于是否被地方政府邀请参加本地重大事情的决策			合计
			经常被邀请	偶尔被邀请	从未被邀请	
对地方政府公信力的总体评价	非常信任	计数	32	27	99	158
		对地方政府公信力的总体评价中的百分比	20.3%	17.1%	62.7%	100.0%
	信任	计数	46	392	242	680
		对地方政府公信力的总体评价中的百分比	6.8%	57.6%	35.6%	100.0%
	基本信任	计数	119	288	644	1051
		对地方政府公信力的总体评价中的百分比	11.3%	27.4%	61.3%	100.0%

续表

			关于是否被地方政府邀请参加本地重大事情的决策			合计
			经常被邀请	偶尔被邀请	从未被邀请	
对地方政府公信力的总体评价	不信任	计数	107	101	421	629
		对地方政府公信力的总体评价中的百分比	17.0%	16.1%	66.9%	100.0%
	非常不信任	计数	9	22	66	97
		对地方政府公信力的总体评价中的百分比	9.3%	22.7%	68.0%	100.0%
合计		计数	313	830	1472	2615
		对地方政府公信力的总体评价中的百分比	12.0%	31.7%	56.3%	100.0%

表 5-54　卡方检验

	值	df	渐进 Sig. （双侧）
Pearson 卡方	323.301[a]	8	0.000
似然比	315.324	8	0.000
线性和线性组合	27.070	1	0.000
有效案例中的 N	2615		

a. 0 单元格 （0.0%） 的期望计数少于 5。最小期望计数为 11.61。

　　经卡方检验发现，受访者关于是否被地方政府邀请参加本地重大事情的决策的看法不同，则对地方政府公信力总体评价也有显著的差异。从表 5-53 中可以看出：对地方政府公信力的总体评价为"非常信任"的受访者有 20.3%"经常被邀请"参加本地重大事情的决策，有 17.1%"偶尔被邀请"参加本地重大事情的决策；对地方政府公信力的总体评价为"信任"的公民有 57.6%"偶尔被邀请"参加本地重大事情的决策。而对地方政府公信力的总体评价为"不信任"的受访者有 16.1%"偶尔被邀请"参加本地重大事情的决策，66.9%"从未被邀请"参加本地重大事情的决策；对地方政府公信力的总体评价为"非常不信任"的受访者有 22.7%"偶尔被邀请"参加本地重大事情的决策，68%"从未被邀请"参加本地重大事情的决策。可见受访者被地方政府邀请参加本地重大事情的决策的频率越高，则对地方政府公信力总体评价就相对越高；而受访者被地方政府邀请参加本地重大事情的决策的频率越低，则对地方政府公信力总体评价就越低。

最后，将"关于地方政府政务公开的透明性"的看法与"对地方政府公信力的总体评价"的结果进行交互分析，分析后得到以下结果，如表5-55、表5-56所示。

表5-55　对地方政府公信力的总体评价 * 关于地方政府政务公开的透明性交叉表

| | | | 关于地方政府政务公开的透明性 | | | | | 合计 |
			很满意	比较满意	一般	不太满意	很不满意	
对地方政府公信力的总体评价	非常信任	计数	80	44	19	5	10	158
		对地方政府公信力的总体评价中的百分比	50.6%	27.8%	12.0%	3.2%	6.3%	100.0%
	信任	计数	41	349	193	54	43	680
		对地方政府公信力的总体评价中的百分比	6.0%	51.3%	28.4%	7.9%	6.3%	100.0%
	基本信任	计数	68	241	473	205	64	1051
		对地方政府公信力的总体评价中的百分比	6.5%	22.9%	45.0%	19.5%	6.1%	100.0%
	不信任	计数	10	49	203	284	83	629
		对地方政府公信力的总体评价中的百分比	1.6%	7.8%	32.3%	45.2%	13.2%	100.0%
	非常不信任	计数	3	7	33	27	27	97
		对地方政府公信力的总体评价中的百分比	3.1%	7.2%	34.0%	27.8%	27.8%	100.0%
合计		计数	202	690	921	575	227	2615
		对地方政府公信力的总体评价中的百分比	7.7%	26.4%	35.2%	22.0%	8.7%	100.0%

表5-56　卡方检验

	值	df	渐进 Sig.（双侧）
Pearson 卡方	1052.675[a]	16	0.000
似然比	849.454	16	0.000
线性和线性组合	510.901	1	0.000
有效案例中的 N	2615		

a. 0 单元格（.0%）的期望计数少于5。最小期望计数为7.49。

经卡方检验发现，受访者关于地方政府政务公开的透明性的看法不同，则对地方政府公信力总体评价也有显著的差异。从表5-55中可以看出：对地方政府公信力的总体评价为"非常信任"的受访者有50.6%对地方政府政务公开的透明性"很满意"，有27.8%对地方政府政务公开的透明性"比较满意"。对地方政府公信力的总体评价为"信任"的受访者有51.3%对地方政府政务公开的透明性"比较满意"。而对地方政府公信力的总体评价为"不信任"的公民有45.2%对地方政府政务公开的透明性"不太满意"，13.2%则回答"很不满意"；对地方政府公信力的总体评价为"非常不信任"的受访者有27.8%对地方政府政务公开的透明性"不太满意"，27.8%则回答"很不满意"。可见受访者对地方政府政务公开的透明性评价越高，则对地方政府公信力总体评价越高；受访者对地方政府政务公开的透明性评价越低，则对地方政府公信力总体评价越低。

综上所述，在控制其他变量的情况下，对"关于地方政府政策制定的稳定性、连续性"的看法、"关于是否被地方政府邀请参加本地重大事情的决策"的看法以及"关于地方政府政务公开的透明性"的看法不同，则对地方政府公信力的总体评价也不同。这也说明，地方政府的公共政策对地方政府公信力有显著影响。

二 地方政府的公共政策对其公信力影响的回归分析

1. 受访者关于地方政府政策制定的稳定性、连续性的看法对地方政府公信力影响的多项 Logistic 回归分析

以受访者关于地方政府政策制定的稳定性、连续性的看法为自变量，以受访者对地方政府公信力的评价情况为因变量，运用 SPSS20 统计软件进行多项 Logistic 回归分析，分析结果如表5-57、表5-58、表5-59所示。

表 5-57 伪 R^2

Cox & Snell	0.601
Nagelkerke	0.626
McFadden	0.286

表 5-58 似然比检验

效应	模型拟合标准	似然比检验		
	简化后的模型的 −2 倍似然对数值	卡方	df	显著水平
对地方政府制定政策的稳定性和连续性是否满意	2495.074	2404.193	20	0.000

注：卡方统计量是最终模型与简化后模型之间在−2 倍似然对数值中的差值。通过从最终模型中省略效应而形成简化后的模型。零假设就是该效应的所有参数均为 0。

表 5-59 参数估计

对地方政府公信力的总体评价[a]		B	标准误	Wald	df	显著水平	Exp (B)	Exp(B)的置信区间 95%	
								下限	上限
非常信任	[对地方政府制定政策的稳定性和连续性是否满意=1]	22.106	1.016	473.874	1	0.000	3.986	5.447	2.917
	[对地方政府制定政策的稳定性和连续性是否满意=2]	2.618	0.392	44.732	1	0.000	13.714	6.367	29.541
	[对地方政府制定政策的稳定性和连续性是否满意=3]	−.495	0.254	3.801	1	0.051	0.610	0.371	1.003
	[对地方政府制定政策的稳定性和连续性是否满意=4]	−1.649	0.488	11.398	1	0.001	0.192	0.074	0.501
	[对地方政府制定政策的稳定性和连续性是否满意=5]	−21.680	0.000	0.	1	0.	3.841	3.841	3.841
信任	[对地方政府制定政策的稳定性和连续性是否满意=1]	21.205	1.038	417.549	1	0.000	1.620	2.119	1.238
	[对地方政府制定政策的稳定性和连续性是否满意=2]	3.822	0.382	100.086	1	0.000	45.714	21.619	96.666
	[对地方政府制定政策的稳定性和连续性是否满意=3]	1.970	0.167	139.644	1	0.000	7.171	5.172	9.942
	[对地方政府制定政策的稳定性和连续性是否满意=4]	0.549	0.246	4.959	1	0.026	1.731	1.068	2.805
	[对地方政府制定政策的稳定性和连续性是否满意=5]	−1.056	0.410	6.620	1	0.010	0.348	0.156	0.778

续表

对地方政府公信力的总体评价a		B	标准误	Wald	df	显著水平	Exp（B）	Exp（B）的置信区间95%	
								下限	上限
基本信任	［对地方政府制定政策的稳定性和连续性是否满意=1］	22.425	1.011	491.689	1	0.000	5.481	7.552	3.978
	［对地方政府制定政策的稳定性和连续性是否满意=2］	3.342	0.385	75.529	1	0.000	28.286	13.311	60.108
	［对地方政府制定政策的稳定性和连续性是否满意=3］	2.723	0.161	285.172	1	0.000	15.220	11.096	20.875
	［对地方政府制定政策的稳定性和连续性是否满意=4］	1.823	0.211	74.418	1	0.000	6.192	4.092	9.370
	［对地方政府制定政策的稳定性和连续性是否满意=5］	0.043	0.292	0.021	1	0.884	1.043	0.589	1.849
不信任	［对地方政府制定政策的稳定性和连续性是否满意=1］	18.640	0.000	0	1	0.	1.246	1.246	1.246
	［对地方政府制定政策的稳定性和连续性是否满意=2］	0.619	0.469	1.744	1	0.187	1.857	0.741	4.655
	［对地方政府制定政策的稳定性和连续性是否满意=3］	1.796	0.169	113.400	1	0.000	6.024	4.329	8.384
	［对地方政府制定政策的稳定性和连续性是否满意=4］	2.384	0.205	135.274	1	0.000	10.846	7.258	16.208
	［对地方政府制定政策的稳定性和连续性是否满意=5］	1.319	0.235	31.564	1	0.000	3.739	2.360	5.924

a. 参考类别是：非常不信任。

由上表可知，回归模型卡方值为 2404.193，P = 0.000<0.001，具有统计学意义。−2 倍的似然对数值为 2495.074，Cox & Snell R^2 为 0.601，而由 Nagelkerke R^2 可知，全部自变量可以解释因变量的 62.6%，这说明自变量 "关于地方政府政策制定的稳定性、连续性的看法" 对因变量 "对地方政府公信力的评价" 有较强的解释力。

从 Exp（B）值即发生比率 OR 值可以看出，回答 "对地方政府政策制定的稳定性、连续性是否满意" 时选择 "很满意" 与 "比较满意" 的受访者分别是回答"对地方政府公信力的总体评价"时选择"非常信任"的受访者的 3.99 倍与 13.71 倍；回答"对地方政府政策制定的稳定性、连续性是否满意"时选择"很满意"与"比较满意"的受访者分别是就"对地方政府公信力的总体评价"选择"信任"的公民的 1.62 倍与 45.71 倍；回答"对地方政府政策制定的稳定性、连续性是否满意"时选择"很满意"与"比较满意"的受访者分别是回答"对地方政府公信力的总体评价"时选择"基本信任"的受访者的 5.48 倍与 28.29 倍。而回答"对地方政府政策制定的稳定性、连续性是否满意"时选择"不太满意"和"很不满意"的受访者分别是回答"对地方政府公信力的总体评价"时选择"不信任"的受访者的 10.85 倍和 3.74 倍。以上的回归分析基本上表明，受访者对地方政府政策制定的稳定性、连续性评价越高，则对地方政府公信力的评价也越高，即对地方政府的信任度相对也越高。

2. 受访者关于是否被地方政府邀请参加本地重大事情的决策的看法对地方政府公信力影响的多项 Logistic 回归分析

以受访者关于是否被地方政府邀请参加本地重大事情的决策的看法为自变量，以受访者对地方政府公信力的评价情况为因变量，运用 SPSS20 统计软件进行多项 Logistic 回归分析，分析结果如表 5-60、表 5-61、表 5-62 所示。

表 5-60　伪 R^2

Cox & Snell	0.471
Nagelkerke	0.491
McFadden	0.198

表 5-61　似然比检验

效应	模型拟合标准	似然比检验		
	简化后的模型的 -2 倍似然对数值	卡方	df	显著水平
是否被地方政府邀请参加本地重大事情决策	1737.117	1666.409	12	0.000

注：卡方统计量是最终模型与简化后模型之间在-2 倍似然对数值中的差值。通过从最终模型中省略效应而形成简化后的模型。零假设就是该效应的所有参数均为 0。

表 5-62　参数估计

对地方政府公信力的总体评价^a		B	标准误	Wald	df	显著水平	Exp（B）	Exp（B）的置信区间95%	
								下限	上限
非常信任	［是否被地方政府邀请参加本地重大事情决策=1］	1.269	0.377	11.303	1	0.001	3.556	1.697	7.449
	［是否被地方政府邀请参加本地重大事情决策=2］	0.205	0.287	0.508	1	0.476	1.227	0.699	2.155
	［是否被地方政府邀请参加本地重大事情决策=3］	0.405	0.159	6.510	1	0.011	1.500	1.099	2.048
信任	［是否被地方政府邀请参加本地重大事情决策=1］	1.631	0.364	20.034	1	0.000	5.111	2.502	10.442
	［是否被地方政府邀请参加本地重大事情决策=2］	2.880	0.219	172.806	1	0.000	17.818	11.597	27.376
	［是否被地方政府邀请参加本地重大事情决策=3］	1.299	0.139	87.542	1	0.000	3.667	2.793	4.814
基本信任	［是否被地方政府邀请参加本地重大事情决策=1］	2.582	0.346	55.777	1	0.000	13.222	6.715	26.036
	［是否被地方政府邀请参加本地重大事情决策=2］	2.572	0.221	135.197	1	0.000	13.091	8.486	20.195
	［是否被地方政府邀请参加本地重大事情决策=3］	2.278	0.129	310.667	1	0.000	9.758	7.574	12.571
不信任	［是否被地方政府邀请参加本地重大事情决策=1］	2.476	0.347	50.878	1	0.000	11.889	6.022	23.473
	［是否被地方政府邀请参加本地重大事情决策=2］	1.524	0.235	41.962	1	0.000	4.591	2.895	7.281
	［是否被地方政府邀请参加本地重大事情决策=3］	1.853	0.132	195.901	1	0.000	6.379	4.921	8.269

a. 参考类别是：非常不信任。

由上表可知，回归模型卡方值为 1666.409，P=0.000<0.001，具有统计学意义。-2 倍的似然对数值为 1737.117，Cox & Snell R^2 为 0.471，而由 Nagelkerke R^2 可知，全部自变量可以解释因变量的 49.1%，这说明自变量"关于是否被地方政府邀请参加本地重大事情的决策的看法"对因变量"对

地方政府公信力的总体评价"有较强的解释力。

从 Exp（B）值即发生比率 OR 值可以看出，回答"是否被地方政府邀请参加本地重大事情的决策"时选择"经常被邀请"与"偶尔被邀请"的受访者分别是回答"对地方政府公信力的总体评价"时选择"非常信任"的受访者的 3.56 倍与 1.23 倍；回答"是否被地方政府邀请参加本地重大事情的决策"时选择"经常被邀请"与"偶尔被邀请"的受访者分别是就"对地方政府公信力的总体评价"选择"信任"的公民的 5.11 倍与17.82 倍；回答"是否被地方政府邀请参加本地重大事情的决策"选择"经常被邀请"与"偶尔被邀请"的受访者分别是回答"对地方政府公信力的总体评价"时选择"基本信任"的受访者的 13.2 倍与 13.09 倍。而回答"是否被地方政府邀请参加本地重大事情的决策"时选择"从未被邀请"的受访者是回答"对地方政府公信力的总体评价"选择"不信任"的受访者的 6.38 倍。以上的回归分析基本上表明，受访者认为参加政府公共决策的机会越多，则对地方政府公信力的评价也越高，即对地方政府的信任度相对也越高。不过，由于一些政治参与不够深入，即使被地方政府邀请参加本地重大事情决策的受访者也会对地方政府投出不信任票。

3. 受访者关于地方政府政务公开的透明性的看法对地方政府公信力影响的多项 Logistic 回归分析

以受访者关于地方政府政务公开的透明性的看法为自变量，以受访者对地方政府公信力的评价情况为因变量，运用 SPSS20 统计软件进行多项Logistic 回归分析，分析结果如表 5-63、表 5-64、表 5-65 所示。

表 5-63　伪 R^2

Cox & Snell	0.569
Nagelkerke	0.593
McFadden	0.261

表 5-64　似然比检验

效应	模型拟合标准	似然比检验		
	简化后的模型的 −2 倍似然对数值	卡方	df	显著水平
是否满意地方政府政务公开的透明性	2304.707	2200.540	20	0.000

注：卡方统计量是最终模型与简化后模型之间在−2倍似然对数值中的差值。通过从最终模型中省略效应而形成简化后的模型。零假设就是该效应的所有参数均为 0。

表 5-65　参数估计

对地方政府公信力的总体评价[a]		B	标准误	Wald	df	显著水平	Exp(B)	Exp(B) 的置信区间 95%	
								下限	上限
非常信任	［是否满意地方政府政务公开的透明性＝1］	3.283	0.588	31.173	1	0.000	26.667	8.422	84.438
	［是否满意地方政府政务公开的透明性＝2］	1.838	0.407	20.408	1	0.000	6.286	2.831	13.955
	［是否满意地方政府政务公开的透明性＝3］	−.552	0.288	3.675	1	0.055	0.576	0.327	1.012
	［是否满意地方政府政务公开的透明性＝4］	−1.686	0.487	11.998	1	0.001	0.185	0.071	0.481
	［是否满意地方政府政务公开的透明性＝5］	−.993	0.370	7.199	1	0.007	0.370	0.179	0.765
信任	［是否满意地方政府政务公开的透明性＝1］	2.615	0.598	19.115	1	0.000	13.667	4.232	44.133
	［是否满意地方政府政务公开的透明性＝2］	3.909	0.382	104.867	1	0.000	49.857	23.594	105.357
	［是否满意地方政府政务公开的透明性＝3］	1.766	0.188	87.909	1	0.000	5.848	4.043	8.460
	［是否满意地方政府政务公开的透明性＝4］	0.693	0.236	8.648	1	0.003	2.000	1.260	3.174
	［是否满意地方政府政务公开的透明性＝5］	0.465	0.246	3.592	1	0.058	1.593	0.984	2.577

续表

对地方政府公信力的总体评价[a]		B	标准误	Wald	df	显著水平	Exp（B）	Exp（B）的置信区间95%	
								下限	上限
基本信任	［是否满意地方政府政务公开的透明性＝1］	3.121	0.590	27.985	1	0.000	22.667	7.132	72.037
	［是否满意地方政府政务公开的透明性＝2］	3.539	0.383	85.192	1	0.000	34.429	16.239	72.993
	［是否满意地方政府政务公开的透明性＝3］	2.663	0.180	218.692	1	0.000	14.333	10.071	20.399
	［是否满意地方政府政务公开的透明性＝4］	2.027	0.205	98.042	1	0.000	7.593	5.083	11.341
	［是否满意地方政府政务公开的透明性＝5］	0.863	0.229	14.144	1	0.000	2.370	1.512	3.717
不信任	［是否满意地方政府政务公开的透明性＝1］	1.204	0.658	3.345	1	0.067	3.333	0.917	12.112
	［是否满意地方政府政务公开的透明性＝2］	1.946	0.404	23.193	1	0.000	7.000	3.171	15.454
	［是否满意地方政府政务公开的透明性＝3］	1.817	0.188	93.684	1	0.000	6.152	4.258	8.887
	［是否满意地方政府政务公开的透明性＝4］	2.353	0.201	136.526	1	0.000	10.519	7.088	15.609
	［是否满意地方政府政务公开的透明性＝5］	1.123	0.222	25.693	1	0.000	3.074	1.991	4.746

a. 参考类别是：非常不信任。

由上表可知，回归模型卡方值为2200.540，P＝0.000＜0.001，具有统计学意义。－2倍的似然对数值为2304.707，Cox & Snell R^2 为0.569，而由 Nagelkerke R^2 可知，全部自变量可以解释因变量的59.3%，这说明自变量"关于地方政府政务公开的透明性的看法"对因变量"对地方政府公信力的评价"有较强的解释力。

从 Exp（B）值即发生比率 OR 值可以看出，回答"对地方政府政务公开的透明性是否满意"时选择"很满意"与"比较满意"的受访者分别是回答"对地方政府公信力的总体评价"时选择"非常信任"的受访者的26. 67 倍与 6. 29 倍。回答"对地方政府政务公开的透明性是否满意"时选择"很满意"与"比较满意"的受访者分别是回答"对地方政府公信力的总体评价"时选择"信任"的受访者的 13. 67 倍与 49. 86 倍。回答"对地方政府政务公开的透明性是否满意"时选择"很满意"与"比较满意"的受访者分别是回答"对地方政府公信力的总体评价"时选择"基本信任"的受访者的22. 67 倍与 34. 43 倍。而回答"对地方政府政务公开的透明性是否满意"选择"不太满意"和"很不满意"的受访者,分别是回答"对地方政府公信力的总体评价"时选择"不信任"的受访者的 10. 52 倍和 3. 07 倍。以上的回归分析基本上表明,受访者认为地方政府的政务越是公开、透明,则对地方政府公信力的评价也越高,即受访者对地方政府的信任度相对也越高。

第四节　地方政府的行政行为对其公信力 影响的方差分析

一　受访者对地方政府行政行为评价的方差分析

政府行为是指行政机关代表国家运用国家权力的行为。本书所指的政府行为主要是具体行政行为。具体行政行为是指国家行政机关和行政机关工作人员、法律法规授权的组织、行政机关委托的组织或者个人在行政管理活动中行使行政职权,针对特定的公民、法人或者其他组织,就特定的具体事项做出的有关该公民、法人或者其他组织权利义务的单方行为。简言之,即指行政机关行使行政权力,对特定的公民、法人和其他组织做出的有关其权利义务的单方行为。具体行政行为可以分为:设定权利或者义务的行为;剥夺、限制权利或撤销义务的行为;变更权利或义务的行为;不行为,或称不作为。由于具体行政行为能够对公民、法人或者其他组织的实体权利、义务产生直接影响,所以,政府机关做出具体行政行为必须具备一定的合法要件,即主体合法、没有滥用职权、适用法律法规正确、证据确凿、程序合法等。否则，政府机关就可能做出不当的具体行政行为。而不当的具体行政行为会侵犯公民、法人或者其他组织的合法权益，对其权利、义务产生不利影响，从而增加群众的不满情绪，导致政府公信力流失。

所以，地方政府的具体行政行为会直接影响到民众对其居住地区的地方政府公信力的评价。这可以从"关于地方政府是否遵守承诺""关于地方政府行政执法公正性""关于地方政府对公众需求回应性""关于地方政府工作人员办事效率"这4个问题与"对地方政府公信力的总体评价"的交互分析中看出来。

首先，将"关于地方政府是否遵守承诺"的看法与"对地方政府公信力的总体评价"进行交互分析，分析后得到以下结果，如表5-66、表5-67所示。

表5-66　对地方政府公信力的总体评价 ＊ 关于地方政府是否遵守承诺交叉制表

| | | | 关于地方政府是否遵守承诺 | | | | | 合计 |
			很满意	比较满意	一般	不太满意	很不满意	
对地方政府公信力的总体评价	非常信任	计数	67	78	11	1	1	158
		对地方政府公信力的总体评价中的百分比	42.4%	49.4%	7.0%	0.6%	0.6%	100.0%
	信任	计数	38	227	341	49	25	680
		对地方政府公信力的总体评价中的百分比	5.6%	33.4%	50.1%	7.2%	3.7%	100.0%
	基本信任	计数	74	131	663	119	64	1051
		对地方政府公信力的总体评价中的百分比	7.0%	12.5%	63.1%	11.3%	6.1%	100.0%
	不信任	计数	3	45	165	263	153	629
		对地方政府公信力的总体评价中的百分比	0.5%	7.2%	26.2%	41.8%	24.3%	100.0%
	非常不信任	计数	0	6	25	20	46	97
		对地方政府公信力的总体评价中的百分比	0.0%	6.2%	25.8%	20.6%	47.4%	100.0%
合计		计数	182	487	1205	452	289	2615
		对地方政府公信力的总体评价中的百分比	7.0%	18.6%	46.1%	17.3%	11.1%	100.0%

表 5-67　卡方检验

	值	df	渐进 Sig.（双侧）
Pearson 卡方	1343.961[a]	16	0.000
似然比	1158.201	16	0.000
线性和线性组合	746.418	1	0.000
有效案例中的 N	2615		

a. 0 单元格（.0%）的期望计数少于 5。最小期望计数为 6.75。

经卡方检验发现，受访者对"关于地方政府是否遵守承诺"的看法不同，则对地方政府公信力的总体评价也有显著的差异。从交互分析表中可以看出：对地方政府公信力的总体评价为"非常信任"的受访者有 42.4%回答"地方政府是否遵守承诺"时选择"很满意"，有 49.4%回答"地方政府是否遵守承诺"时选择"比较满意"；对地方政府公信力的总体评价为"信任"的受访者有 33.4%回答"地方政府是否遵守承诺"时选择"比较满意"。而对地方政府公信力的总体评价为"不信任"的公民有 41.8%回答"地方政府是否遵守承诺"时选择"不太满意"，24.3%则回答"很不满意"；对地方政府公信力的总体评价为"非常不信任"的受访者有 20.6%回答"对地方政府是否遵守承诺"时选择"不太满意"，47.4%则回答"很不满意"。可见受访者越是认为地方政府讲信用、重承诺，则对地方政府公信力总体评价越高；而受访者越是认为地方政府不讲信用、不遵守承诺，则对地方政府公信力总体评价越低。

其次，将"关于地方政府行政执法的公正性"的看法与"对地方政府公信力的总体评价"进行交互分析，分析后得到以下结果，如表 5-68、表 5-69 所示。

经卡方检验发现，受访者关于地方政府行政执法公正性的看法不同，则受访者对地方政府公信力的总体评价也有显著的差异。从交互分析表中可以看出：对地方政府公信力的总体评价为"非常信任"的受访者有 27.8%对地方政府行政执法公正性的看法是"很满意"，有 52.5%对地方政府行政执法公正性的看法是"比较满意"；对地方政府公信力的总体评价为"信任"

表 5-68　对地方政府公信力的总体评价 * 关于地方政府行政执法的公正性交叉表

			关于地方政府行政执法的公正性					合计
			很满意	比较满意	一般	不太满意	很不满意	
对地方政府公信力的总体评价	非常信任	计数	44	83	25	5	1	158
		对地方政府公信力的总体评价中的百分比	27.8%	52.5%	15.8%	3.2%	0.6%	100.0%
	信任	计数	33	337	256	33	21	680
		对地方政府公信力的总体评价中的百分比	4.9%	49.6%	37.6%	4.9%	3.1%	100.0%
	基本信任	计数	57	177	569	219	29	1051
		对地方政府公信力的总体评价中的百分比	5.4%	16.8%	54.1%	20.8%	2.8%	100.0%
	不信任	计数	4	40	244	288	53	629
		对地方政府公信力的总体评价中的百分比	0.6%	6.4%	38.8%	45.8%	8.4%	100.0%
	非常不信任	计数	0	6	25	39	27	97
		对地方政府公信力的总体评价中的百分比	0.0%	6.2%	25.8%	40.2%	27.8%	100.0%
合计		计数	138	643	1119	584	131	2615
		对地方政府公信力的总体评价中的百分比	5.3%	24.6%	42.8%	22.3%	5.0%	100.0%

表 5-69　卡方检验

	值	df	渐进 Sig.（双侧）
Pearson 卡方	1027.929[a]	16	0.000
似然比	943.238	16	0.000
线性和线性组合	672.367	1	0.000
有效案例中的 N	2615		

a. 1 单元格（4.0%）的期望计数少于 5。最小期望计数为 4.86。

的受访者有 49.6% 对地方政府行政执法公正性的看法是"比较满意"；而对地方政府公信力的总体评价为"不信任"的受访者有 45.8% 对地方政府行政执法公正性的看法为"不太满意"，8.4% 则回答"很不满意"；对地方政府公信力的总体评价为"非常不信任"的受访者有 40.2%对地方政府行政执法公正性的看法为"不太满意"，27.8%则回答"很不满意"。可见受访者对地方政府行政执法的公正性越肯定，则对地方政府公信力总体评价越高；而受访者对地方政府行政执法的公正性越否定，则对地方政府公信力总体评价越低。

再次，将关于地方政府对公众需求回应性的看法与对地方政府公信力的总体评价结果进行交互分析，分析后得到以下分析结果如表 5-70、表 5-71 所示。

表 5-70　对地方政府公信力的总体评价 ∗ 关于地方政府
对公众需求回应性的看法交叉表

| | | | 关于地方政府对公众需求回应性的看法 | | | | | 合计 |
			很满意	比较满意	一般	不太满意	很不满意	
对地方政府公信力的总体评价	非常信任	计数	68	56	30	3	1	158
		对地方政府公信力的总体评价中的百分比	43.0%	35.4%	19.0%	1.9%	0.6%	100.0%
	信任	计数	15	211	396	46	12	680
		对地方政府公信力的总体评价中的百分比	2.2%	31.0%	58.2%	6.8%	1.8%	100.0%
	基本信任	计数	84	147	571	220	29	1051
		对地方政府公信力的总体评价中的百分比	8.0%	14.0%	54.3%	20.9%	2.8%	100.0%
	不信任	计数	3	23	152	376	75	629
		对地方政府公信力的总体评价中的百分比	0.5%	3.7%	24.2%	59.8%	11.9%	100.0%
	非常不信任	计数	1	7	38	39	12	97
		对地方政府公信力的总体评价中的百分比	1.0%	7.2%	39.2%	40.2%	12.4%	100.0%
合计		计数	171	444	1187	684	129	2615
		对地方政府公信力的总体评价中的百分比	6.5%	17.0%	45.4%	26.2%	4.9%	100.0%

表 5-71　卡方检验

	值	df	渐进 Sig.（双侧）
Pearson 卡方	1229.340[a]	16	0.000
似然比	1091.541	16	0.000
线性和线性组合	654.920	1	0.000
有效案例中的 N	2615		

a. 1 单元格（4.0%）的期望计数少于 5。最小期望计数为 4.79。

经卡方检验发现，受访者关于地方政府对公众需求回应性的看法不同，则对地方政府公信力总体评价也有显著的差异。从交互分析表中可以看出：对地方政府公信力的总体评价为"非常信任"的受访者有 43% 对地方政府对公众需求回应性的看法为"很满意"，有 35.4% 对地方政府对公众需求回应性的看法为"比较满意"；对地方政府公信力的总体评价为"信任"的公民有 31% 对地方政府对公众需求回应性的看法为"比较满意"。而对地方政府公信力的总体评价为"不信任"的受访者有 59.8% 对地方政府对公众需求回应性的看法为"不太满意"，11.9% 则回答"很不满意"；对地方政府公信力的总体评价为"非常不信任"的受访者有 40.2% 对地方政府对公众需求回应性的看法为"不太满意"，12.4% 则回答"很不满意"。可见受访者对地方政府关于公众需求回应性越满意，则对地方政府公信力的总体评价就越高；而受访者对地方政府关于公众需求回应性越不满意，则对地方政府公信力的总体评价越低。

最后，将"关于地方政府工作人员办事效率"的看法与"对地方政府公信力的总体评价"进行交互分析，分析后得到以下分析结果，如表 5-72、表 5-73 所示。

经卡方检验发现，受访者关于地方政府工作人员办事效率的看法不同，则对地方政府公信力总体评价也有显著的差异。从交互分析表中可以看出：对地方政府公信力的总体评价为"非常信任"的受访者有 45.6% 对地方政府工作人员办事效率的看法是"非常好"，有 36.1% 对地方政府工作人员办事

表 5-72　对地方政府公信力的总体评价 * 如何评价地方政府工作人员的
办事效率交叉表

			如何评价地方政府工作人员的办事效率						合计
			非常好	比较好	一般	比较差	非常差	不清楚	
对地方政府公信力的总体评价	非常信任	计数	72	57	23	6	0	0	158
		对地方政府公信力的总体评价中的百分比	45.6%	36.1%	14.6%	3.8%	0.0%	0.0%	100.0%
	信任	计数	60	257	279	72	10	2	680
		对地方政府公信力的总体评价中的百分比	8.8%	37.8%	41.0%	10.6%	1.5%	0.3%	100.0%
	基本信任	计数	83	177	515	223	39	14	1051
		对地方政府公信力的总体评价中的百分比	7.9%	16.8%	49.0%	21.2%	3.7%	1.3%	100.0%
	不信任	计数	5	41	165	346	64	8	629
		对地方政府公信力的总体评价中的百分比	0.8%	6.5%	26.2%	55.0%	10.2%	1.3%	100.0%
	非常不信任	计数	10	16	23	30	15	3	97
		对地方政府公信力的总体评价中的百分比	10.3%	16.5%	23.7%	30.9%	15.5%	3.1%	100.0%
合计		计数	230	548	1005	677	128	27	2615
		对地方政府公信力的总体评价中的百分比	8.8%	21.0%	38.4%	25.9%	4.9%	1.0%	100.0%

表 5-73　卡方检验

	值	df	渐进 Sig.（双侧）
Pearson 卡方	958.707[a]	20	0.000
似然比	862.806	20	0.000
线性和线性组合	543.759	1	0.000
有效案例中的 N	2615		

a. 3 单元格（10.0%）的期望计数少于 5。最小期望计数为 1.00。

效率的看法为"比较好"；对地方政府公信力的总体评价为"信任"的受访者有 37.8% 对地方政府工作人员办事效率的看法为"比较好"。而对地方政府公信力的总体评价为"不信任"的受访者有 55% 对地方政府工作人员办事效率的看法为"比较差"，10.2% 则回答"非常差"；对地方政府公信力的总体评价为"非常不信任"的受访者有 30.9% 对地方政府工作人员办事效率的看法为"比较差"，15.5% 则回答"非常差"。可见受访者对地方政府工作人员办事效率的评价越高，对地方政府公信力的总体评价就越高；而受访者对地方政府工作人员办事效率的评价越低，对地方政府公信力的总体评价就越低。

综上所述，在控制其他变量的情况下，对关于地方政府是否遵守承诺、关于地方政府行政执法公正性、关于地方政府对公众需求回应性以及关于地方政府工作人员办事效率这 4 个问题的看法不同，则对地方政府公信力的总体评价也不同。这也说明，地方政府的行政行为对地方政府公信力有显著影响。

二　地方政府的行政行为对其公信力影响的回归分析

1. 受访者关于地方政府是否遵守承诺的看法对地方政府公信力影响的多项 Logistic 回归分析

以受访者关于地方政府是否遵守承诺的看法为自变量，以受访者对地方政府公信力的评价情况为因变量，运用 SPSS20 统计软件进行多项 Logistic 回归分析，分析结果如表 5-74、表 5-75、表 5-76 所示。

表 5-74　伪 R^2

Cox & Snell	0.617
Nagelkerke	0.643
McFadden	0.298

表 5-75　似然比检验

效应	模型拟合标准	似然比检验		
	简化后的模型的 −2 倍似然对数值	卡方	df	显著水平
对地方政府做出的承诺是否满意	2604.441	2509.287	20	0.000

注：卡方统计量是最终模型与简化后模型之间在−2 倍似然对数值中的差值。通过从最终模型中省略效应而形成简化后的模型。零假设就是该效应的所有参数均为 0。

表 5-76　参数估计

对地方政府公信力的总体评价[a]		B	标准误	Wald	df	显著水平	Exp (B)	Exp(B) 的置信区间95%	
								下限	上限
非常信任	[对地方政府做出的承诺是否满意 = 1]	21.996	0.590	1389.290	1	0.000	3.571	1.123	1.135
	[对地方政府做出的承诺是否满意 = 2]	2.565	0.424	36.654	1	0.000	13.000	5.667	29.824
	[对地方政府做出的承诺是否满意 = 3]	−0.821	0.362	5.149	1	0.023	0.440	0.217	0.894
	[对地方政府做出的承诺是否满意 = 4]	−2.996	1.025	8.547	1	0.003	0.050	0.007	0.373
	[对地方政府做出的承诺是否满意 = 5]	−3.829	1.011	14.347	1	0.000	0.022	0.003	0.158
信任	[对地方政府做出的承诺是否满意 = 1]	21.429	0.600	1276.816	1	0.000	2.026	6.253	6.562
	[对地方政府做出的承诺是否满意 = 2]	3.633	0.414	77.161	1	0.000	37.833	16.819	85.102
	[对地方政府做出的承诺是否满意 = 3]	2.613	0.207	159.036	1	0.000	13.640	9.087	20.473
	[对地方政府做出的承诺是否满意 = 4]	0.896	0.265	11.405	1	0.001	2.450	1.456	4.121
	[对地方政府做出的承诺是否满意 = 5]	−0.610	0.248	6.022	1	0.014	0.543	0.334	0.884
基本信任	[对地方政府做出的承诺是否满意 = 1]	22.096	0.589	1407.578	1	0.000	3.944	1.244	1.251
	[对地方政府做出的承诺是否满意 = 2]	3.083	0.417	54.547	1	0.000	21.833	9.633	49.487
	[对地方政府做出的承诺是否满意 = 3]	3.278	0.204	258.855	1	0.000	26.520	17.789	39.536
	[对地方政府做出的承诺是否满意 = 4]	1.783	0.242	54.457	1	0.000	5.950	3.705	9.555
	[对地方政府做出的承诺是否满意 = 5]	0.330	0.193	2.919	1	0.088	1.391	0.953	2.032

续表

对地方政府公信力的总体评价[a]		B	标准误	Wald	df	显著水平	Exp (B)	Exp(B) 的置信区间 95%	
								下限	上限
不信任	[对地方政府做出的承诺是否满意 = 1]	18.890	0.000	0.	1	0.	1.599	1.599	1.599
	[对地方政府做出的承诺是否满意 = 2]	2.015	0.435	21.493	1	0.000	7.500	3.200	17.579
	[对地方政府做出的承诺是否满意 = 3]	1.887	0.215	77.312	1	0.000	6.600	4.334	10.051
	[对地方政府做出的承诺是否满意 = 4]	2.576	0.232	123.377	1	0.000	13.150	8.346	20.719
	[对地方政府做出的承诺是否满意 = 5]	1.202	0.168	51.081	1	0.000	3.326	2.392	4.625

a. 参考类别是：非常不信任。

由上表可知，回归模型卡方值为 2509.287，P = 0.000<0.001，具有统计学意义。-2 倍的似然对数值为 2604.441，Cox & Snell R^2 为 0.617，而由 Nagelkerke R^2 可知，全部自变量可以解释因变量的 64.3%，这说明自变量"关于地方政府是否遵守承诺的看法"对因变量"对地方政府公信力的总体评价"有较强的解释力。

从 Exp（B）值即发生比率 OR 值可以看出，回答"您对地方政府在管理公共事务和提供公共服务过程中做出的承诺是否满意"时选择"很满意"与"比较满意"的受访者分别是回答"您对地方政府公信力的总体评价"时选择"非常信任"的受访者的 3.57 倍与 13 倍；回答"您对地方政府在管理公共事务和提供公共服务过程中做出的承诺是否满意"时选择"很满意"与"比较满意"的受访者分别是回答"您对地方政府公信力的总体评价"选择"信任"的受访者的 2.03 倍与 37.83 倍；回答"您对地方政府在管理公共事务和提供公共服务过程中做出的承诺是否满意"时选择"很满意"与"比较满意"的受访者分别是回答"您对地方政府公信力的总体评价"时选择"基本信任"的受访者的 3.9 倍与 21.8 倍；而回答"您对地方政府在管理公共事务和提供公共服务过程中做出的承诺是否满意"时选择"不太满意"和"很不满意"的受访者分别是回答"您对地方政府公信力的总体评价"时选择"不信任"的受访者的 13.15 倍和 3.33 倍。以上的回归分析基本上表明，受访者认为地方政府越是遵守承诺、讲信用，则对地方政府公信力的评价也越高，即对地方政府的信任度相对也越高。

2. 受访者关于地方政府行政执法公正性的看法对地方政府公信力影响的多项 Logistic 回归分析

以受访者关于地方政府行政执法公正性的看法为自变量，以受访者对地方政府公信力的评价情况为因变量，运用 SPSS20 统计软件进行多项 Logistic 回归分析，分析结果如表 5-77、表 5-78、表 5-79 所示。

表 5-77　伪 R^2

Cox & Snell	0.584
Nagelkerke	0.608
McFadden	0.273

表 5-78　似然比检验

效应	模型拟合标准	似然比检验		
	简化后的模型的 -2 倍似然对数值	卡方	df	显著水平
行政执法的公正性是否满意	2390.843	2294.324	20	0.000

注：卡方统计量是最终模型与简化后模型之间在 -2 倍似然对数值中的差值。通过从最终模型中省略效应而形成简化后的模型。零假设就是该效应的所有参数均为 0。

表 5-79　参数估计

对地方政府公信力的总体评价[a]		B	标准误	Wald	df	显著水平	Exp (B)	Exp(B) 的置信区间 95%	
								下限	上限
非常信任	[行政执法的公正性是否满意 =1]	21.817	0.522	1745.305	1	0.000	2.986	1.073	8.311

续表

对地方政府公信力的总体评价[a]		B	标准误	Wald	df	显著水平	Exp（B）	Exp（B）的置信区间95%	
								下限	上限
非常信任	［行政执法的公正性是否满意＝2］	2.627	0.423	38.618	1	0.000	13.833	6.041	31.679
	［行政执法的公正性是否满意＝3］	0.000	0.283	0.000	1	1.000	1.000	0.574	1.741
	［行政执法的公正性是否满意＝4］	-2.054	0.475	18.700	1	0.000	0.128	0.051	0.325
	［行政执法的公正性是否满意＝5］	-3.296	1.018	10.475	1	0.001	0.037	0.005	0.273
信任	［行政执法的公正性是否满意＝1］	21.530	0.529	1653.647	1	0.000	2.240	7.934	6.322
	［行政执法的公正性是否满意＝2］	4.028	0.412	95.661	1	0.000	56.167	25.055	125.910
	［行政执法的公正性是否满意＝3］	2.326	0.210	123.255	1	0.000	10.240	6.791	15.440
	［行政执法的公正性是否满意＝4］	-0.167	0.237	0.499	1	0.480	0.846	0.532	1.345
	［行政执法的公正性是否满意＝5］	-0.251	0.291	0.746	1	0.388	0.778	0.440	1.376
基本信任	［行政执法的公正性是否满意＝1］	22.076	0.517	1821.588	1	0.000	3.868	1.404	1.066
	［行政执法的公正性是否满意＝2］	3.384	0.415	66.471	1	0.000	29.500	13.076	66.552
	［行政执法的公正性是否满意＝3］	3.125	0.204	233.866	1	0.000	22.760	15.249	33.971
	［行政执法的公正性是否满意＝4］	1.726	0.174	98.565	1	0.000	5.615	3.994	7.894
	［行政执法的公正性是否满意＝5］	0.071	0.267	0.071	1	0.789	1.074	0.636	1.814
不信任	［行政执法的公正性是否满意＝1］	19.419	0.000	0.	1	0.	2.715	2.715	2.715
	［行政执法的公正性是否满意＝2］	1.897	0.438	18.778	1	0.000	6.667	2.827	15.724

续表

对地方政府公信力的总体评价[a]		B	标准误	Wald	df	显著水平	Exp (B)	Exp (B) 的置信区间 95%	
								下限	上限
不信任	[行政执法的公正性是否满意 = 3]	2.278	0.210	117.705	1	0.000	9.760	6.467	14.730
	[行政执法的公正性是否满意 = 4]	1.999	0.171	137.312	1	0.000	7.385	5.286	10.317
	[行政执法的公正性是否满意 = 5]	0.674	0.236	8.137	1	0.004	1.963	1.235	3.120

a. 参考类别是：非常不信任。

由上表可知，回归模型卡方值为 2294.324，P = 0.000 < 0.001，具有统计学意义。-2 倍的似然对数值为 2390.843，Cox & Snell R^2 为 0.584，而由 Nagelkerke R^2 可知，全部自变量可以解释因变量的 60.8%，这说明自变量"关于地方政府行政执法公正性的看法"对因变量"对地方政府公信力的评价"有较强的解释力。

从 Exp（B）值即发生比率 OR 值可以看出，回答"您对地方政府行政执法的公正性是否满意"时选择"很满意"与"比较满意"的受访者分别是回答"您对地方政府公信力的总体评价"时选择"非常信任"的受访者的 2.99 倍与 13.83 倍；回答"您对地方政府行政执法的公正性是否满意"时选择"很满意"与"比较满意"的受访者分别是回答"您对地方政府公信力的总体评价"时选择"信任"的受访者的 2.24 倍与 56.17 倍；回答"您对地方政府行政执法的公正性是否满意"时选择"很满意"与"比较满意"的受访者分别是回答"您对地方政府公信力的总体评价"时选择"基本信任"的受访者的 3.87 倍与 29.5 倍；而回答"您对地方政府行政执法的公正性是否满意"时选择"不太满意"和"很不满意"的受访者是回答"您对地方政府公信力的总体评价"时选择"不信任"的受访者的 7.39 倍和 1.96 倍。以上的回归分析基本上表明，受访者认为地方政府在行政执法方面做得越公正，则对地方政府公信力的评价也越高，即对地方政府的信任度相对也越高。

3. 受访者关于地方政府对公众需求回应性的看法对地方政府公信力影响的多项 Logistic 回归分析

以受访者关于地方政府对公众需求回应性的看法为自变量，以受访者对地方政府公信力的评价情况为因变量，运用 SPSS20 统计软件进行多项 Logistic 回归分析，分析结果如表 5-80、表 5-81、表 5-82 所示。

表 5-80　伪 R^2

Cox & Snell	0.607
Nagelkerke	0.632
McFadden	0.290

表 5-81　似然比检验

效应	模型拟合标准	似然比检验		
	简化后的模型的－2 倍似然对数值	卡方	df	显著水平
是否满意地方政府对公众需求的回应性	2539.086	2442.627	20	0.000

注：卡方统计量是最终模型与简化后模型之间在－2 倍似然对数值中的差值。通过从最终模型中省略效应而形成简化后的模型。零假设就是该效应的所有参数均为 0。

表 5-82　参数估计

对地方政府公信力的总体评价[a]		B	标准误	Wald	df	显著水平	Exp（B）	Exp（B）的置信区间 95%	
								下限	上限
非常信任	[是否满意地方政府对公众需求的回应性＝1]	4.220	1.007	17.546	1	0.000	68.000	9.442	489.718
	[是否满意地方政府对公众需求的回应性＝2]	2.079	0.401	26.905	1	0.000	8.000	3.646	17.552
	[是否满意地方政府对公众需求的回应性＝3]	-.236	0.244	0.937	1	0.333	0.789	0.489	1.274

续表

对地方政府公信力的总体评价[a]		B	标准误	Wald	df	显著水平	Exp（B）	Exp（B）的置信区间95%	
								下限	上限
非常信任	［是否满意地方政府对公众需求的回应性＝4］	－2.565	0.599	18.327	1	0.000	0.077	0.024	0.249
	［是否满意地方政府对公众需求的回应性＝5］	－2.485	1.041	5.700	1	0.017	0.083	0.011	0.641
信任	［是否满意地方政府对公众需求的回应性＝1］	2.708	1.033	6.875	1	0.009	15.000	1.981	113.556
	［是否满意地方政府对公众需求的回应性＝2］	3.406	0.384	78.596	1	0.000	30.143	14.196	64.003
	［是否满意地方政府对公众需求的回应性＝3］	2.344	0.170	190.476	1	0.000	10.421	7.471	14.537
	［是否满意地方政府对公众需求的回应性＝4］	0.165	0.218	0.575	1	0.448	1.179	0.770	1.807
	［是否满意地方政府对公众需求的回应性＝5］	0.000	0.408	0.000	1	1.000	1.000	0.449	2.226
基本信任	［是否满意地方政府对公众需求的回应性＝1］	4.431	1.006	19.401	1	0.000	84.000	11.696	603.299
	［是否满意地方政府对公众需求的回应性＝2］	3.045	0.387	61.935	1	0.000	21.000	9.838	44.824
	［是否满意地方政府对公众需求的回应性＝3］	2.710	0.168	261.624	1	0.000	15.026	10.821	20.867
	［是否满意地方政府对公众需求的回应性＝4］	1.730	0.174	99.155	1	0.000	5.641	4.013	7.930
	［是否满意地方政府对公众需求的回应性＝5］	0.882	0.343	6.609	1	0.010	2.417	1.233	4.736
不信任	［是否满意地方政府对公众需求的回应性＝1］	1.099	1.155	0.905	1	0.341	3.000	0.312	28.841
	［是否满意地方政府对公众需求的回应性＝2］	1.190	0.432	7.594	1	0.006	3.286	1.410	7.657
	［是否满意地方政府对公众需求的回应性＝3］	1.386	0.181	58.423	1	0.000	4.000	2.803	5.707
	［是否满意地方政府对公众需求的回应性＝4］	2.266	0.168	181.441	1	0.000	9.641	6.933	13.407
	［是否满意地方政府对公众需求的回应性＝5］	1.833	0.311	34.742	1	0.000	6.250	3.398	11.496

a. 参考类别是：非常不信任。

由上表可知，回归模型卡方值为 2442. 627，P = 0. 000 < 0. 001，具有统计学意义。-2 倍的似然对数值为 2539. 086，Cox & Snell R^2 为 0. 607，而由 Nagelkerke R^2 可知，全部自变量可以解释因变量的 63.2%，这说明自变量 "受访者关于地方政府对公众需求回应性的看法" 对因变量 "受访者对地方政府公信力的评价" 有较强的解释力。

从 Exp（B）值即发生比率 OR 值可以看出，回答 "您对地方政府对公众需求的回应性是否满意" 时选择 "很满意" 与 "比较满意" 的受访者分别是回答 "您对地方政府公信力的总体评价" 时选择 "非常信任" 的受访者的 68 倍与 8 倍；回答 "您对地方政府对公众需求的回应性是否满意" 时选择 "很满意" 与 "比较满意" 的受访者分别是回答 "您对地方政府公信力的总体评价" 时选择 "信任" 的受访者的 15 倍与 30. 14 倍；回答 "您对地方政府对公众需求的回应性是否满意" 时选择 "很满意" 与 "比较满意" 的受访者分别是回答 "您对地方政府公信力的总体评价" 时选择 "基本信任" 的受访者的 84 倍与 21 倍；而回答 "您对地方政府对公众需求的回应性是否满意" 时选择 "不太满意" 和 "很不满意" 的受访者分别是回答 "您对地方政府公信力的总体评价" 时选择 "不信任" 的受访者的 9. 64 倍和 6. 25 倍。以上的回归分析基本上表明，受访者认为地方政府越是能够及时、有效地回应社会公众的需求，则对地方政府公信力的评价也越高，即对地方政府的信任度相对也越高。

4. 受访者关于地方政府工作人员办事效率的看法对地方政府公信力影响的多项 Logistic 回归分析

以受访者关于地方政府工作人员办事效率的看法为自变量，以受访者对地方政府公信力的评价情况为因变量，运用 SPSS20 统计软件进行多项 Logistic 回归分析，分析结果如表5-83、表5-84、表5-85所示。

表 5-83　伪 R^2

Cox & Snell	0. 571
Nagelkerke	0. 595
McFadden	0. 263

表 5-84　似然比检验

效应	模型拟合标准	似然比检验		
	简化后的模型的 −2 倍似然对数值	卡方	df	显著水平
如何评价地方政府工作人员的办事效率	2322.603	2213.891	24	0.000

注：卡方统计量是最终模型与简化后模型之间在 −2 倍似然对数值中的差值。通过从最终模型中省略效应而形成简化后的模型。零假设就是该效应的所有参数均为 0。

表 5-85　参数估计

对地方政府公信力的总体评价[a]		B	标准误	Wald	df	显著水平	Exp(B)	Exp(B) 的置信区间 95%	
								下限	上限
非常信任	［如何评价地方政府工作人员的办事效率=1］	1.974	0.337	34.218	1	0.000	7.200	3.716	13.951
	［如何评价地方政府工作人员的办事效率=2］	1.270	0.283	20.165	1	0.000	3.563	2.046	6.203
	［如何评价地方政府工作人员的办事效率=3］	0.000	0.295	0.000	1	1.000	1.000	0.561	1.782
	［如何评价地方政府工作人员的办事效率=4］	−1.609	0.447	12.951	1	0.000	0.200	0.083	0.481
	［如何评价地方政府工作人员的办事效率=5］	−19.961	5577.980	0.000	1	0.997	2.143	0.000	0.[b]
	［如何评价地方政府工作人员的办事效率=6］	−19.958	0.000	0.	1	0.	2.149	2.149	2.149
信任	［如何评价地方政府工作人员的办事效率=1］	1.792	0.342	27.518	1	0.000	6.000	3.072	11.719

对地方政府公信力的总体评价[a]		B	标准误	Wald	df	显著水平	Exp（B）	Exp（B）的置信区间95%	
								下限	上限
信任	［如何评价地方政府工作人员的办事效率＝2］	2.776	0.258	116.113	1	0.000	16.063	9.694	26.616
	［如何评价地方政府工作人员的办事效率＝3］	2.496	0.217	132.348	1	0.000	12.130	7.929	18.558
	［如何评价地方政府工作人员的办事效率＝4］	0.875	0.217	16.231	1	0.000	2.400	1.568	3.674
	［如何评价地方政府工作人员的办事效率＝5］	−0.405	0.408	0.986	1	0.321	0.667	0.300	1.484
	［如何评价地方政府工作人员的办事效率＝6］	−0.405	0.913	0.197	1	0.657	0.667	0.111	3.990
基本信任	［如何评价地方政府工作人员的办事效率＝1］	2.116	0.335	39.970	1	0.000	8.300	4.307	15.996
	［如何评价地方政府工作人员的办事效率＝2］	2.404	0.261	84.771	1	0.000	11.063	6.632	18.453
	［如何评价地方政府工作人员的办事效率＝3］	3.109	0.213	212.766	1	0.000	22.391	14.746	34.001
	［如何评价地方政府工作人员的办事效率＝4］	2.006	0.194	106.404	1	0.000	7.433	5.078	10.882
	［如何评价地方政府工作人员的办事效率＝5］	0.956	0.304	9.891	1	0.002	2.600	1.433	4.716
	［如何评价地方政府工作人员的办事效率＝6］	1.540	0.636	5.863	1	0.015	4.667	1.341	16.239

续表

对地方政府公信力的 总体评价[a]		B	标准误	Wald	df	显著 水平	Exp （B）	Exp（B）的置信 区间95%	
								下限	上限
不信任	［如何评价地方政府工作人员的办事效率 = 1］	-0.693	0.548	1.602	1	0.206	0.500	0.171	1.463
	［如何评价地方政府工作人员的办事效率 = 2］	0.941	0.295	10.190	1	0.001	2.563	1.438	4.566
	［如何评价地方政府工作人员的办事效率 = 3］	1.970	0.223	78.376	1	0.000	7.174	4.638	11.097
	［如何评价地方政府工作人员的办事效率 = 4］	2.445	0.190	165.064	1	0.000	11.533	7.942	16.748
	［如何评价地方政府工作人员的办事效率 = 5］	1.451	0.287	25.579	1	0.000	4.267	2.432	7.486
	［如何评价地方政府工作人员的办事效率 = 6］	0.981	0.677	2.099	1	0.147	2.667	0.707	10.052

a. 参考类别是：非常不信任。
b. 计算该统计量时发生浮点溢出。因此，其值被设置为系统缺失值。

由上表可知，回归模型卡方值为 2213.891，P = 0.000<0.001，具有统计学意义。-2 倍的似然对数值为 2322.603，Cox & Snell R^2 为 0.571，而由 Nagelkerke R^2 可知，全部自变量可以解释因变量的 59.5%，这说明自变量"受访者关于地方政府工作人员办事效率的看法"对因变量"受访者对地方政府公信力的评价"有较强的解释力。

从 Exp（B）值即发生比率 OR 值可以看出，回答"您对地方政府工作人员在办事效率上的评价"时选择"非常好"与"比较好"的受访者分别是回答"您对地方政府公信力的总体评价"时选择"非常信任"的受访者的 7. 20 倍与 3. 56 倍；回答"您对地方政府工作人员在办事效率上的评价"时选择"非常好"与"比较好"的受访者分别是回答"您对地方政府公信力的总体评价"时选择"信任"的受访者的 6 倍与 16. 06 倍；回答"您对地方政府工作人员在办事效率上的评价"时选择"非常好"与"比较好"的受访者分别是回答"您对地方政府公信力的总体评价"时选择"基本信任"的受访者的 8. 3 倍与 11. 06 倍；而回答"您对地方政府工作人员在办事效率上的评价"时选择"比较差"和"非常差"的受访者是回答"您对地方政府公信力的总体评价"时选择"不信任"的受访者的 11. 53 倍和 4. 27 倍。以上的回归分析基本上表明，受访者认为地方政府办事效率越高，则对地方政府公信力的评价也越高，即对地方政府的信任度相对也越高。

第六章
新型城镇化背景下地方政府
公信力提升的路径探析

在新型城镇化建设中，提升地方政府公信力、建设信用政府是一项复杂的系统工程，必须注重建设的系统性、整体性、协同性。提升地方政府公信力关键是建设一个管理公开透明、责权明确、执行有据、运作规范的现代政府。根据前文对地方政府公信力影响因素的分析，并结合国内外加强政府公信力建设的有益经验，本书认为应该着重从转变思想观念、强化制度约束、优化政府机构设置、提高公共决策的质量、创新政府治理方式等几个方面入手，综合施策，提升地方政府公信力。

第一节　加强教育学习，增强民众的现代公民意识
和政府工作人员的宗旨意识

公民意识是指公民个人对自己在国家中政治地位和法律地位的自我认识，也是对自己在国家中应履行权利和应承担义务的自我认识。作为现代公民，应该具备主体意识、权利意识、社会责任意识、规则意识和理性意识等现代公民意识。具有现代公民意识的公民应该掌握一定的政治知识，具备一定的政治认知能力；能够正确认识自己的权利和义务，了解维护自己合法权益的方法；能够积极参与社会公共事务，善于用合法的方式向政府表达自己的政治意愿；能够理性看待政府，通过了解政府机关的性质与职能，理解政府，信任政府，支持政府的工作。在实践中，一些民众对地方政府公信力评价不高，原因之一就是他们对地方政府存在认识上的偏差。譬如，在调查

中，一些民众对新型城镇化的认知，对地方政府机关职能和职责的认知，对地方政府在农村土地征收、城市棚户区拆迁、公共品供给、环境污染治理中的角色及承担责任的认知，对自身在农村土地征收、城市棚户区改造、公共品供给、环境污染治理中所享有的权利和应履行的义务的认知不够全面、清晰。他们想当然地认为政府是万能的，认为各种社会矛盾激化和群众利益受损都是地方政府没有尽到职责所致，故不信任地方政府。事实上，他们平时很少主动学习与土地征收、房屋拆迁、公共品供给、环境污染相关的政治知识、法律知识和环保知识，很少主动了解政府机关的职责权限以及公民的基本权利和社会责任，除非自身利益受到侵害，否则就置身事外。他们认为新型城镇化建设是国家的事、政府的事，没有认识到自己才是新型城镇化建设的主体，把自己当作国家和政治的附属物，缺乏独立的政治人格和参与意识。他们对地方政府寄予很高的期望，希望地方政府在经济发展、社会保障、政治稳定、文化繁荣和环境保护等各方面都做得很好，在土地征收、棚户区拆迁、公共品供给、环境污染治理中尽量满足自己的全部诉求，哪怕不合理不合法。如果地方政府不能满足这些要求，就会对其产生不信任。这说明，政治知识的不足和政治认知能力的欠缺使部分民众很难对地方政府进行全面客观的评价。

为提高民众的政治认知水平，引导他们树立现代公民意识，地方政府首先要充分利用现代媒体，通过多种形式的宣传教育，让基层民众深入了解新型城镇化的重大意义，了解地方政府机关的职能和职责，了解自己在土地征收、棚户区拆迁、公共品供给、环境污染治理中的权利和义务。其次，地方政府要积极落实"一村（社区）一法律顾问"制度，并充分发挥法律顾问的作用，让民众通过法律咨询掌握更多的法律知识，增强法制观念。为了让法律顾问更好地为基层民众提供法律宣传、法律咨询、法律援助、纠纷调解等法律服务，必须明确法律顾问的工作职责，要求法律顾问利用微信等网络平台认真、及时地解答民众在土地征用、棚户区拆迁、公共品供给、环境污染治理中遇到的各种法律问题，用通俗易懂的语言和以案说法的方式给民众提供法律咨询；要求法律顾问每年到联系的村（社区）进行法制宣传，就新型城镇化建设中的热点问题、难点问题进行现场咨询；要求法律顾问保持独立性和"异议权"，对不合理的政府决策和不当的政府行为独立发表意见，帮助地方政府防范法律风险，维护政府公信力；要求法律顾问以公正的立场协助和参与各种纠纷调解，依法保障民众合法权益，让民众在每一个纠纷或案件中感受公平正义，增加幸福感和满意度。再次，还要充分发挥共产党员特别是新乡贤在基层治理和乡村文化建设中文化引领、组织协调和榜样示范的作用。因为他们中的许多人政治素质硬、群众威望高、社会责任感强，在政治上拥有理性的思维、丰富的理论知识和实践经验。要鼓励和支持那些离退休干部、知识分子、优秀企业家等积极参与地方的公共事务和基层组织建设。让他们利用自己的知识优势向民众传播先进的政治文化和社会主义核心价值观，提高民众的政治认知水平，培养民众的权利意识、规则意识和民主精神，增强民众的社会责任感和自治能力。让他们利用自己的影响力帮助地方政府宣传党的路线方针政策，增加民众对公共政策和政府行为的认同感，消除民众与政府之间的隔阂。最后，地方政府还应该创造更多的条件和机会让民众对各政府部门及其工作人员进行测评，向民众介绍测评的知识和方法，让民众在不同形式的政治参与实践中积累经验，提高政治认知能力，使民众感受到政府的诚意，在理解中增加对政府的信任。

为人民服务是人民政府的宗旨，对人民负责是人民政府工作的基本原则。每一个政府工作人员都应该强化全心全意为人民服务的宗旨意识，恪守执政为民的理念，始终坚持以人民为中心，把人民放在心中的最高位置。在新型城镇化建设中，要从本地群众的实际需要出发谋发展，多做满足人民群众需要的实事，把人民拥护不拥护、赞成不赞成、高兴不高兴、答应不答应作为衡量一切工作得失的根本标准。政府及其工作人员只要真心实意地为人民群众做好事、办实事、解难事，人民群众就一定会信任他、支持他。但从近年查处的一些政府官员贪腐案件来看，一些政府工作人员完全背离了为人民服务的宗旨，在权力和利益的诱惑下，理想信念动摇，世界观、人生观、价值观全面蜕变，讲特权搞两面派，拉帮结派，欺上瞒下，弄虚作假，涉黑涉恶或充当黑恶势力保护伞。政府工作人员脱离群众的现象集中表现在形式主义、官僚主义、享乐主义和奢靡之风这"四风"上。党的十八大以来，以习近平同志为核心的党中央大力整治"四风"，基本刹住了享乐主义、奢靡之风，但官僚主义和形式主义仍然在一定范围内存在，甚至出现隐形变种。"形式主义实质是主观主义、功利主义，根源是政绩观错位、责任心缺失，用轰轰烈烈的形式代替了扎扎实实的落实，用光鲜亮丽的外表掩盖了矛盾和问题。官僚主义实质是封建残余思想作祟，根源是官本位思想严重、权力观扭曲，做官当老爷，高高在上，脱离群众，脱离实际。"[1] "形式主义往往借助官僚主义得以滋生和蔓延，官僚主义反过来又保护、默认甚至倡导形式主义，两者互为因果，相互包庇。"[2] 官僚主义和形式主义的社会危害主要表现为：破坏党的实事求是思想路线，脱离实际，随意决策；不关心群众利益，疏离党群干群关系；搞暗箱操作，败坏党风民风；把职权当特权，搞利益交换，形成腐败。官僚主义和形式主义不仅贻误政府工作、劳民伤财，而且污染政治生态，损害党和政府的公信力。所以，官僚主义和形式主义是党的大敌，必须下大力气解决。从调查情况看，许多民众也认为一些党员干部中仍然存在着贪污腐败、官僚主义、脱离群众、形式主义等问题。当问到"您认为如果要提高地方政府公信力，以下哪些方面的工作仍需进一步加强？"时，有67.7%的被调查者认为应该采取措施改变政府官员的官本位思想（见表6-1），有62.6%的被调查者认为应该采取措施消除潜规则和官员的面子意识（见表6-2），他们认为"当官做老爷"的思想和潜规则阻碍了政府机关进一步改进作风，削弱了地方政府公信力。

---

① 习近平：《深入落实中央八项规定精神，坚持不懈纠正"四风"》，中国共产党新闻网，http://theory.people.com.cn/n/2015/0121/c392503-26425628.html。

② 朱永飞：《浅谈新形式主义官僚主义危害与防治》，《河南日报》2017 年 7 月 21 日，第 8 版。

表 6-1　提高地方政府公信力应加强作风建设改变官本位思想

		频率	百分比	有效百分比	累积百分比
有效	是	1771	67.7	67.7	67.7
	否	844	32.3	32.3	100.0
	合计	2615	100.0	100.0	

表 6-2　提高地方政府公信力应加强消除潜规则和面子意识

		频率	百分比	有效百分比	累积百分比
有效	是	1638	62.6	62.6	62.6
	否	977	37.4	37.4	100.0
	合计	2615	100.0	100.0	

因此，为根治形式主义、官僚主义"顽疾"，提高地方政府公信力，一是地方政府要结合本地本部门的工作实际，继续推进群众路线教育，让群众观点、群众路线落地生根，落实到每个政府工作者行动上，贯彻到新型城镇化建设实践中。二是要加强公务员的宪法、刑法、土地管理法、城市房地产管理法、环境保护法、侵权责任法等法律的学习和培训，引导政府工作人员做尊法学法守法用法的模范。在征地拆迁过程中，要依法告知被征地农民或被拆迁用户拟征地（或拟拆迁房屋）的用途、位置、补偿标准、安置途径等，就相关方案听取利益相关者意见，确认方案的具体内容。当被征地农民有异议时，要举行听证，不可强行征地；拆迁程序不合法、补偿费用没有足额到位、被拆迁人居住条件无法得到保障以及未制订任何应急预案的，不得强制拆迁。对于群众提出的合理要求，必须依法妥善予以解决；对于群众提出的不合理要求，要宣传政策，做好其思想疏导工作，争取得到群众的理解和支持。三是要加强公务员日常的工作学习和经验交流，让公务员通过学习政府规章制度、分析新型城镇化建设中地方政府创新的典型案例、相互交流管理经验、撰写社会调查报告等多种方式提高理论水平，增强政治自觉，不断提升管理能力和服务水平。四是尽量将公务员的思想政治状况加以量化，纳入考评体系，重点考察官民关系、政府诚信度、居民对辖区

内公共品和公共服务的满意度，使这些指标成为公务员考核定级、评优评先和职务晋升的重要依据。

第二节　强化制度约束，健全权力监督机制

合理的制度安排与有效的法律规制是提升地方政府公信力的基本保证。根据公共选择理论，理性经济人假设同样适用于政治领域，政府官员有追求自身利益最大化的动机，一旦个体利益、部门利益与社会公共利益发生冲突，就会优先考虑个人利益或部门利益。另外，在政治市场上，"租金无处不在……只要有租金，就可以预料到，必然有寻租行为"。[①] 一些政府官员常常利用现有的法律制度的漏洞，进行创租活动。因此，提升地方政府公信力，遏制腐败，避免和减少寻租活动的产生，就必须不断完善各项法律制度。在新型城镇化建设过程中，进一步提升地方政府公信力，需重点完善以下制度。

一　完善政府信息公开制度

政府信息公开是完善权力监督机制，防治腐败，提升政府公信力的根本保障。2008 年国务院公布实施的《政府信息公开条例》在推进我国民主政治进程和法治政府建设方面发挥了重要作用。但随着社会经济的发展与时代的变化，现有政府信息公开制度的弊端和不足日益显现。目前，世界上大多数国家对政府信息公开的规定是以法律的形式出现，在我国，《政府信息公开条例》属于行政法规，效力层级低于法律。并且，该行政法规对政府信息公开的范围、内容、方式、程序、法律责任和救济措施的规定都存在不足，一些配套法律也缺少或滞后。政府信息公开制度的不完善导致一些地方政府信息公开不规范、不全面、不细致，甚至公布虚假信息。社会公众真正需要的与自己生产生活密切相关的政务信息少之又少，社会公众高度关注的政府预算、"三公消费"以及官员本人、配偶及受抚养子女的财产状况信息

---

① 沈海军：《关于政府转型若干问题的思考》，《学术界》2013 年第 8 期。

几乎没有。据国务院办公厅公开 2016 年第一季度 31 个省（区、市）县级以下政府网站的抽查情况来看，有部分县级以下政府部门网站长期不更新信息，有些半年多未更新，导致政府网站变成了摆设。① 这样的信息公开，不仅忽悠了群众，还损害了政府的公信力。

在调查中，许多民众认为地方政府利用政务微博、微信等新媒体发布政务信息时，存在着信息发布不及时、基本信息缺乏实质性内容、与公众缺乏有效的沟通和互动等问题。有 55.9% 的被调查者认为政府信息不公开不透明是影响地方政府公信力的重要因素。据一些农民反映，地方政府和村委会在整个征地过程中都没有事先公布和告知他们被征土地的用途、位置、补偿标准、安置途径等任何信息，政府确定征地方案后才告诉权利人土地被征收，可以获得一定的土地补偿金，但既不解决就业安置问题，也不解决社会保障问题。且土地补偿金不能及时、足额发放，甚至有被克扣、挪用的情况。如果有人表示不满，要求举行听证，那么即使政府举行听证，听证程序也是流于形式，权利人的意见很少被采纳。

表 6-3　影响地方政府公信力的原因是政府信息不公开不透明

		频率	百分比	有效百分比	累积百分比
有效	是	1462	55.9	55.9	55.9
	否	1153	44.1	44.1	100.0
	合计	2615	100.0	100.0	

针对政府信息公开实践中存在的种种问题，必须对政府信息公开制度进行升级、完善，制定具有更高效力层级的《政府信息公开法》，健全政府信息公开制度的法律体系。以法律的形式进一步明确政府信息公开的范围、方式、方法，规范信息公开流程，以清单的方式具体规定政府信息公开的内容，尽量减少地方政府的自由裁量空间，同时，强化违反《政府信息公开

---

① 玫昆仑：《政府网站成"睡眠网站"忽悠的是政府公信力》，《上海法治报》2017 年 4 月 25 日，第 B06 版。

法》的法律责任，完善权利救济机制。利用法律的强制力使地方政府不断加大信息公开力度，尤其是征地拆迁、环境保护、招标投标、保障性住房等领域的政府信息公开，有效保障了人民群众的知情权、参与权、表达权和监督权，不断提高政府透明度。

二　完善党政"一把手"的监督制度

权力如果不受制约监督，就可能被滥用，滋生腐败。从近年查处的腐败案件来看，几乎都存在权力被滥用的情况，其中党政"一把手"占涉案人数相当大的比例。据广东省纪委介绍，2003 年至 2009 年，广东共查处 151 名地厅级"一把手"，占被查处地厅级干部人数的 79.9%；还有 1284 名县处级"一把手"被查处，占被查处县处级干部人数的 69.3%。[①] 2017 年，中纪委通报：五年来，共处理村党支部书记、村委会主任 27.8 万人。[②] 村党支部书记、村（居）委会主任在土地征用、房屋拆迁等过程中贪污受贿、以权谋私、挪用侵占的问题时有发生；土地、规划、城建等领域腐败问题严重。[③] 党政"一把手"之所以涉及腐败案件的人数众多，是因为他们的权力过大，缺少必要的制约和监督。体制的弊端和权力制约机制不健全导致对党政"一把手"的监督乏力。一是"上级监督太远"。在现行干部管理体制下，上级监察机关由于受时间和空间的限制，无法及时全面地了解和掌握下级"一把手"活动的情况和问题，以致"鞭长莫及"而难以实施有效的监督，使得上级的监督并不具有很强的约束力。二是"同级监督太软"。由于监督机构缺乏相对的独立性，进而造成在监督环节上的"弱监""虚监"和不敢监督状态，即同级监督存在着"事前基本没有监督，事中基本难于监督，事后基本不能监督"的弊端。三是"下级监督太难"。下级的检举监督

---

① 《监督一把手离不开法治路径》，南粤清风网，http：//www.gdjct.gd.gov.cn/llyj/content/post_ 5976. html。

② 《十八届中央纪律检查委员会向中国共产党第十九次全国代表大会的工作报告》，《中国青年报》2017 年 10 月 30 日，第 8 版。

③ 《深度关注 ｜ 严惩征地拆迁中的小官大贪》，中央纪委国家监委网站，https：//www.ccdi.gov.cn/toutiaon/202112/t20211226_ 160257. html。

往往会因为受制于"乌纱帽"的利害关系而"敢怒不敢言",这在现实中时常表现为下级的"沉默"。至于普通公民的监督,由于监督权利得不到有效的保障,公民的举报更是举步维艰。四是"法纪监督太晚"。现行的监督大多是一种事后监督,在"一把手"掌控一域的情况下,监督机构往往是在"一把手"出现违纪违法"出了事"时才去介入。①

在调查中,有60.1%的被调查者认为对政府官员的权力制约机制不健全是导致腐败的根本性原因(见表6-4),是影响地方政府公信力的重要因素。有60.4%的受访者认为提高地方政府公信力应加强对政府工作人员特别是"一把手"的监督力度,拓宽监督渠道。

表6-4 影响地方政府公信力的原因是对政府官员的权力制约机制不健全

		频率	百分比	有效百分比	累积百分比
有效	是	1571	60.1	60.1	60.1
	否	1044	39.9	39.9	100.0
	合计	2615	100.0	100.0	

表6-5 提高地方政府公信力应加强监督力度拓宽监督渠道

		频率	百分比	有效百分比	累积百分比
有效	是	1579	60.4	60.4	60.4
	否	1036	39.6	39.6	100.0
	合计	2615	100.0	100.0	

因此,要减少党政"一把手"的腐败,必须建立健全权力运行制约和监督体系,加强对党政"一把手"权力的制约和监督,把权力关进制度的笼子里,让权力在阳光下运行。完善党政"一把手"的监督制度重在放权、分权、限权。放权就是要向市场放权,减少"一把手"的各种审批权;向社会放权,就是要激发社会活力。分权就是要对党政"一把手"的权力进行合理分解和科学配置,防止权力过分集中,减少其滥用权力的机会。限权

---

① 唐勤:《改进和加强对"一把手"监督的理性思考》,《中州学刊》2015年第3期。

就是要建立"一把手"党务、政务公开制度，对其职责、权限、工作流程和执行情况等事项，最大限度地向社会公开，杜绝暗箱操作；要采取具体有效的措施，加强对党政"一把手"的政治监督、司法监督、内部监督、社会舆论和群众监督。目前，一些地方政府按照放权、分权、限权的原则，在着力破解党政"一把手"监督难题方面进行了有益探索。2016年，广州通过建立"一把手"权力清单、落实"一把手"选人用人责任、"一把手"违规干预插手有关事项记录制度、公开"一把手"个人有关事项、完善主体责任约谈"一把手"机制、提高民主生活会质量、增强"一把手""三述"监督实效、加强对"一把手"的巡察监督、强化对"一把手"的派驻监督、实行"一把手"问题直报制度等十项具体措施，强化对"一把手"的监督，取得了较好的实践效果。这为进一步完善党政"一把手"的监督制度积累了宝贵地方经验。在总结各地实践经验的基础上，2021年3月，中共中央印发了《关于加强对"一把手"和领导班子监督的意见》，强调各类监督向"一把手"聚焦，以增强"三个自觉"、突出"三个监督重点"、落实"三项制度"、开好"三个会"、防控"三个风险点"、坚持"三个常态化"、创新"三项监督机制"、抓好"三个环节"等"八项举措"，① 加强对"一把手"和领导班子的监督。这为破解对"一把手"监督和同级监督难题提供了制度指引和根本遵循。

三 完善行政问责制度

行政问责制是指特定的问责主体针对各级政府及其公务员承担的职责和

---

① 增强"三个自觉"：增强政治自觉、增强行动自觉、增强制度自觉。突出"三个监督重点"：在监督对象上突出"一把手"、在监督内容上突出政治监督、在监督格局上突出党内监督。落实"三项制度"：严格执行全面从严治党责任制度、贯彻执行民主集中制、坚持集体领导制度。开好"三个会"：开好民主生活会、开好组织生活会、开好述责述廉会。防控"三个风险点"：强化人财物规范管理、严防违规插手干预司法案件、规范领导干部个人有关事项报告及家属从业行为。坚持"三个常态化"：坚持监督检查常态化、坚持分析研判常态化、坚持整改落实常态化。创新"三项监督机制"：创新完善谈心谈话机制、探索建立"八小时之外"监督机制、创新建立"灯下黑"问题治理长效机制。抓好"三个环节"：强化学习教育、强化任务落实、强化督导考核。

义务的履行情况而实施并要求其承担否定性后果的一种责任追究制度。^① 它是改进政府机关作风、增强政府责任意识、提升政府形象和提高政府公信力的重要手段。我国的行政问责制源于 2003 年"非典"引发的问责风暴，此后各地方政府相继出台了一些行政问责暂行办法和规定。这些办法和规定有力推动了行政问责工作的开展，取得了良好的效果。在此基础上，2009 年，中共中央办公厅、国务院办公厅印发了《关于实行党政领导干部问责的暂行规定》，明确了对党政领导干部实行问责的 7 种情形，使问责机制步入"科学化、规范化、法制化"的轨道。2016 年 6 月，中共中央审议通过《中国共产党问责条例》，进一步规范和强化了对各级党组织和领导干部的问责工作。问责制度的建设和完善，使问责范围不断拓宽，问责力度不断加大，问责实效不断显现。据十九届中央纪委三次全会工作报告显示，2018 年，全国共查处发生在群众身边的腐败和作风问题 23.5 万件，处理 30.9 万人，6.1 万名党员领导干部被问责。^② 行政问责制加强了对政府权力的监督制约、促使地方政府的党政干部增强责任意识，更好地履职尽责。但是，由于我国行政问责制还处在起步阶段，无论在法律规定上，还是问责实践中，都存在着一些亟待解决的问题。如：问责依据缺失、问责主体单一、问责对象模糊、问责范围不广、问责程序不健全等。这些问题的存在导致实践中出现该问责的不问责或选择性问责，不该问责的瞎问责、乱问责的怪象。例如，2014 年 9 月 2 日，云南省红河州人民政府办公室印发《红河州棚户区改造工作考评办法的通知》（红政办发〔2014〕133 号）明确：由（红河）州人民政府每年安排奖励资金 500 万元，其中 400 万元用于对完成任务的县市、州棚改办、州棚投公司进行奖励，100 万元用于对超额完成任务的县市进行奖励；给予县市的奖金中，县市委书记、县市长的奖金各占 15%，剩余 70% 的奖金用于奖励从事该项工作的其他相关人员。^③

---

① 高小平：《深入研究行政问责制，切实提高政府执行力》，《中国行政管理》2007 年第 8 期。

② 赵乐际：《忠实履行党章和宪法赋予的职责 努力实现新时代纪检监察工作高质量发展——在中国共产党第十九届中央纪律检查委员会第三次全体会议上的工作报告》，中华人民共和国中央人民政府网，http://www.gov.cn/xinwen/2019-02/20/content_5367302.htm。

③ 戴先任：《公款奖励拆建是对民利"双重剥夺"》，中国经济网，http://views.ce.cn/view/ent/201504/30/t20150430_5247130.shtml？from = groupmessage&isappinstalled = 0。

这种以政府红头文件的形式、对公务人员及相关工作人员发放奖金的方式推进所谓的棚改拆迁的做法是不当的，甚至是违法违纪的，它无形中滋长了违法拆迁，漠视群众的合法权益。虽然相关部门后来回应：已暂停执行相关奖励政策，并未兑现去年的相关奖金。但造成的不良社会影响是非常明显的，却没有人为此负责，也没有组织对主要责任人进行问责。

再如，有的地方政府在征地拆迁过程中为实现政府的意图，以对公职人员停职停薪为要挟，让其出面对亲戚朋友做思想工作。有的地方政府暗地里雇佣一些黑社会打手以违法的方式进行强征强拆。这种做法即使群众意见很大，也鲜有人被问责。

正是因为问责制度的不完善，使得在土地征用、棚户区拆迁、公共品供给、环境污染治理中的违法乱纪，行政不作为、乱作为和严重损害公共利益、群众利益的事情屡禁不止。在调查中，有71.4%的被调查者认为行政问责机制不完善是导致地方政府工作人员滥用职权、贪污腐败的重要因素，也是影响地方政府公信力的重要原因。

表 6-6　影响地方政府公信力的原因是行政问责机制不完善

		频率	百分比	有效百分比	累积百分比
有效	是	1866	71.4	71.4	71.4
	否	749	28.6	28.6	100.0
	合计	2615	100.0	100.0	

因此，为了精准问责，发挥问责的震慑效应，需要重点从以下方面进一步完善行政问责制：一是构建完整的行政问责法律体系。目前，我国关于行政问责的法律规范散见于一些规定和条例中，不够系统全面，对政府问责的主体、客体、范围、程序等事项规定不够具体明确，过于笼统模糊，急需制定一部专门、完善的行政问责法规和实施细则。同时，要健全相关配套制度。二是明确问责主体。在目前我国的问责主体中，党内问责主体是党委（党组）、纪委（纪检组）以及党的工作部门；监察问责主体是监察机关或有权做出问责决定的机关。由于我国权力结构的特点，行政系统内部的

"同体问责"有一定局限，有必要强化"异体问责"。这就需要法律授权给"异体问责"主体，人大作为国家权力机关可以对所有党政干部实行异体问责。另外公民问责也可以成为一种尝试。在美国，选民可以通过提出罢免申请、征集支持者签名、罢免选举等程序罢免地方政府官员。三是扩大问责适用范围。行政问责的对象应包括所有行使行政权力的组织和人员，而不能仅仅局限于各级政府及其组成部门的行政首长。行政问责的内容应该涵盖政府机关所有做出的具体行政行为和抽象行政行为。四是规范行政问责程序。行政问责程序一般包括问责启动、问责调查、问责处理、问责救济四个环节。在问责启动阶段，应该允许包括公民在内的多元问责主体启动问责。在问责调查阶段，要制定调查方案，全面收集各种证据，查清事实真相，认定具体责任。在问责处理阶段，应根据被问责事件性质和所须承担责任种类，对被问责官员采取不同的处理方式。其中一般处理、纪律处分和刑事处罚这三种问责方式可以同时使用，但不能相互代替。在问责救济阶段，应明确被问责官员获得救济的权利以及权利救济的方式方法。

第三节　扩大公民有序政治参与，提高公共决策的科学化民主化水平

目前，一些地方政府朝令夕改的现象还是比较突出。据报道，云南省河口县斥资 2.7 亿元建起的"中国—东盟河口国际旅游文化景观长廊"仅存 3 年就被拆除。[①] 2016 年 6 月，山西省蒲县下达"限期卖羊令"，全境"封山禁牧"，就在两年前，该县还在鼓励养羊。[②] 2017 年，河南省某部门下发一则"全省禁燃"紧急通知，引发网友热议。仅两天后，该部门又紧急收回了这份通知。[③] 这种朝令夕改、出尔反尔的折腾背后，说明地方政府的政策

---

① 赵蓓蓓：《影响政府公信力的不仅是决策》，人民网，2014 年 6 月 24 日，http：//opinion. people. com. cn/n/2014/0624/c1003-25189438. html。

② 如镝：《"羊折腾"损毁政府公信力》，《广西日报》2016 年 8 月 17 日。

③ 牛少杰：《河南全省禁燃朝令夕改 回应：初衷虽好但用力过猛》，人民网，2017 年 1 月 18 日，http：//politics. people. com. cn/GB/n1/2017/0118/c1001-29031714. html。

制定缺少制度性规范。在调查中，一些被调查者也认为，在新型城镇化建设中地方政府政策缺乏连续性和稳定性。而公共政策是否具有公正性、有效性、连续性和稳定性，都会影响到政府公信力。为保证公共政策的公正、有效，具有连续性和稳定性，必须推进公共决策的科学化民主化。各地方政府要充分认识到公共政策科学、连续、稳定的重要性，以及政策朝令夕改、"一届政府一套政策"的危害性。

在制定公共政策过程中，一要健全制度化的利益表达机制。利益表达机制是指社会各个利益主体通过正常合法的途径和方式表达自己的利益诉求的机制。随着社会经济的发展，我国社会已经出现了多元化的利益主体，呈现利益多元化格局。不同的利益主体有不同的利益诉求。但不同的利益群体由于在社会结构中的地位、拥有的资源（质与量）以及投入利益表达过程的资源各不相同，在政策过程中声音的强弱有很大的区别。同时，社会制度结构提供的制度化的利益表达渠道对于不同的群体具有不同的意义。当前地方公共政策的决策机制在吸纳不同社会阶层利益诉求方面存在着严重的社会不均衡现象，在强势群体保持着同决策者亲密的个人接触，甚至资本能左右舆论的情况下，社会弱势群体却很难找到制度化和低成本的利益表达渠道。除了上访等相当狭窄的渠道外，弱势群体往往只能诉诸一些非制度渠道来表达自己的利益。在这种情况下，政策的公正性便在很大程度上取决于决策者的良知以及社会问题尖锐程度的主观判断。于是乎，政策决策主体在"倾听群众意见"，将公共问题确立为政策问题时往往容易受到强势群体的左右，而那些真正事关普通民众生存的重大问题反而迟迟难以进入政策制订的议事日程。由此产生的公共政策自然很难在公众中树立其政策信誉。因此，建立健全社会各阶层制度化的利益表达机制，使公共政治问题的确立真正成为各阶层利益诉求的聚集过程、整合过程，就成为提高公共政策信用的重要现实途径。[①] 当前，在推进新型城镇化建设的过程中，重点要建立和完善弱势群

---

① 何显明：《信用政府的逻辑：转型期地方政府信用缺失现象的制度分析》，学林出版社，2007，第357页。

体的利益表达机制。农民作为社会弱势群体，利益表达渠道比较狭窄，在征地、拆迁、环境污染事件中即使利益受损也难以得到有效的救济，无法维权，这也是引发各种群体性事件的重要原因。所以，地方政府应该通过制度创新和机制创新，不断拓宽弱势群体的利益表达渠道，保障其合法权益。

二要扩大公民有序政治参与。"公民参与是一个公民权利的范畴。它涉及权力和资源的重置，使得那些被排除在政治和经济过程之外的尚未享有公民权益的人，能够被包容在未来的发展中。它作为一种发展战略使得未享有公民权益的人能够参与到信息分享、目标和政策确立的过程中……总之，公民参与是一种方法，用以促进社会改革，使人们能够分享富裕社会的资源。"① 完善政治参与机制，扩大公民有序政治参与是实现公民权益和促进新型城镇化顺利发展的重要保证。当前，有许多因素制约着公民参与公共决策。在调查中，当问到公民"如果您的政治参与度不高，那么可能的主要原因有哪些"时，20.9%的公民回答是"忙于工作、家庭，无暇参与公共事务"，18.4%的公民回答是"与自己利益无关，事不关己高高挂起"，21.9%的公民回答是"缺乏参与途径和制度保障"，22.2%的公民回答是"感觉自己的政治参与能力不强"，16.6%的公民回答是"参与也没有实际效用，不能解决实际问题"（见表6-7）。这反映了整体上公众参与意愿不足，从主观上看，一些民众没有认识到参与公共决策对维护其合法权益的重要性或者他们缺乏公共精神，想搭便车；从客观上看，公民参与公共决策缺乏制度保障以及参与途径单一、渠道狭窄。因此，扩大公民有序政治参与，需要政府积极创造条件，提供便利和平台，同时，要加强宣传，让民众意识到参与公共决策的意义。

表6-7 政治参与度不高的原因

		频率	百分比（%）	有效百分比（%）	累积百分比（%）
有效	忙于工作、家庭,无暇参与公共事务	547	20.9	20.9	20.9
	与自己利益无关,事不关己高高挂起	480	18.4	18.4	39.3
	缺乏参与途径和制度保障	573	21.9	21.9	61.2

①

		频率	百分比（%）	有效百分比（%）	累积百分比（%）
有效	感觉自己的政治参与能力不强	581	22.2	22.2	83.4
	参与也没有实际效用，不能解决实际问题	434	16.6	16.6	100.0
	合计	2615	100.0	100.0	

互联网的迅速发展和新媒体的出现为公民参与公共决策提供了方便、快捷的途径。地方政府应积极推动电子政务建设，为公民参与公共决策搭建技术平台。另外，要学习借鉴一些地方政府创新的典型经验，实行"开放式"决策。首先，对拟决策事项委托专家研究，根据专家咨询论证的意见形成决策建议。其次，在正式决策前，应在政府门户网站、报刊、广播、电视等媒体上以及有关公共场所或村（社区）宣传栏对决策事项进行公示，并举行听证会，收集民众意见和建议。再次，让群众代表（特别是利益相关者代表）、专家、人大代表、政协委员或新乡贤列席决策会议，并且可以独立发言，自由表决，不受干预。另外，决策会议向媒体开放，各种媒体均可参与，并开通网络视频直播，实时与民众互动。最后，将形成的决策草案在网上或其他媒体上公示，进一步征求意见。

三要健全完善公共政策实施的评估机制。政策评估是检验政策实施效果、效益和效率的基本途径。目前，在政策评估方面存在的主要问题有：地方政府对政策评估缺乏科学的认识和认真的态度、政策评估标准模糊、缺乏独立的政策评估组织、普通民众未能广泛参与政策评估等。因此，健全完善公共政策实施的评估机制，首先要通过立法的方式把实施政策评估作为地方政府法定责任明确下来，并把最终的政策评估结果纳入政府绩效的考核体系中，这样才能让地方政府充分重视政策评估。其次，遵循以人为本、客观公正、专业化、善治的原则，因地制宜地制定科学的政策评估标准，采用科学的政策评估理论、方法和技术，对地方政府实施的政策进行正确客观地评估。再次，建立独立、多元的政策评估组织。缺乏专业独立的政策评估组织和政策评估人员是我国公共政策评估实践停滞不前、有名无实的一个主要原因。[①] 针对我国政策评估组织的现状，在规范、健全官方的政策评估组织、完善政府内部评估机制的基础上，要大力发展民间的政策评估组织，引入第三方评估机制，鼓励民间政策评估组织与官方政策评估组织平等竞争，吸纳社会各方面的智能优势，推进评价主体多元化，扩大公共政策评估的参与面，提升公共政策评估的公信力。

第四节　优化政府机构设置和职能配置，
切实转变政府职能

优化政府机构设置和职能配置，转变政府职能，建设人民满意的服务型政府，是深化党和国家机构改革的重要任务，也是适应新时代我国社会主要矛盾的变化和推进新型城镇化建设的必然要求。转变政府职能，必须优化政府机构设置和职能配置，因为优化政府机构设置和职能配置是巩固政府职能转变成果、促使政府正确履行职能的体制保障；优化政府机构设置和职能配置有利于转变政府职能，因为转变政府职能是优化政府机构设置和职能配置的前提和目的。经过多年的行政体制改革，我国政府组织机构实现了初步优化，政府职能转变也迈出了重要步伐。但是，面对新时代的变化和新型城镇化的要求，政府组织机构仍然存在着一些急需解决的问题。在本次调查中，我们发现一些地方政府在政府机构设置和职能配置方面主要存在这样一些问题：一是个别区市县乡政府机构臃肿，人浮于事，国家财政供养人员占比过高，甚至存在国家公务人员长期在编不在岗，违规领取各种工资、津贴、补贴、奖金等福利待遇的"吃空饷"现象。[②] 二是机构设置没有形成决策、执

[①]　陈振明：《公共政策分析》，中国人民大学出版社，2008，第 292 页。

[②]　"吃空饷"现象的相关新闻报道参见：《甘孜州纪委监委通报了 3 起"吃空饷"典型案例》，人民网，http://sc.people.com.cn/n2/2020/0702/c345509-34128732.html。

《延川县纪委监委通报了 3 起"吃空饷"问题典型案例》，中共延川县纪律检查委员会网，https://yanchuan.qinfeng.gov.cn/info/1084/10381.htm。

行、监督相对分离和相互制约的架构，总体职能界定模糊，定位不清。① 由于现行法律法规对政府职能规定过于宽泛，不具体，再加上对区市县乡政府机构党政一把手的权力缺乏强有力的刚性约束，存在不同程度的权力任性现象。在农村也同样如此，一些村委会干部，特别是村主任和村支书权力很大，掌握本村重大事务的决策权、执行权和建议权，村民议事会和村务监督委员会大多流于形式，起不到监督的作用，这也是村干部逐渐成为腐败高危群体的重要原因。三是行政系统内部职能尚未理顺，存在条块分割、职能交叉、多头管理的情况。县级各部门如公安、地税、国税、工商、土地、司法、民政等一般在乡镇都有派出机构，这些机构虽然在乡镇工作，但在行政上属于双重领导，并且人、财、物的权力和业务管理权均在上级管理部门，乡镇政府无权过问。这就造成了乡镇政府想管又不敢管、不好管的两难境地。再如环境污染治理工作涉及环保局、农业局、林业局、交通局、城管办及水利部门等多个管理单位，一旦各部门利益协调不好，就会导致无人负责、无人管理和相互推诿的现象。② 四是行政系统外部职能尚未理顺，没有理清政府与社会、政府与市场的关系。本来在市场经济条件下，在推进新型城镇化过程中，能够由市场自己解决的问题尽量由市场自己解决，市场难以解决的问题由社会中介组织来解决，只有市场和社会都无法解决的问题，才由政府出面解决。但一些政府机构出于地方利益、部门利益和政绩的考虑，管了一些不该管、管不了也管不好的事情。③ 如有的地方政府以红头文件的形式公开为本地企业推销产品或摊派任务。有的地方政府包揽过多社会事务且对一些社会组织控制、限制太多，使社会组织对政府高度依附，缺乏独立

① 叶贵仁、陈丽晶：《构建整体性的基层政府治理体系》，光明网，https：//theory.gmw.cn/2021-01/27/content_ 34576881. htm。

② 叶贵仁、陈丽晶：《构建整体性的基层政府治理体系》，光明网，https：//theory.gmw.cn/2021-01/27/content_ 34576881. htm。

③ 《某县级市连高速公路还未建 下发红头文件摊派 ETC 指标》，人民网，http：//xiaofei. people. com. cn/n1/2019/1224/c425315-31519510. html。

性。[1] 另一方面，对于一些应该管而且应该管好的事情，政府却无暇顾及，不闻不问。如新型城镇化过程中，民众需要地方政府提供更多更好的公共产品与公共服务，而一些政府部门和工作人员热衷于乱摊派、乱收费、乱检查、乱罚款，却不想办法改善公共产品短缺的状况以及公共服务不到位的情形。[2]

上述问题的存在无疑增加了行政成本，降低了行政效率，极易诱发贪污腐败，削弱地方政府公信力，必须采取切实有效的方法解决这些问题。当前优化政府机构设置和职能配置，切实转变政府职能，一要按照中央的要求，深化党和国家机构改革，按照精简、统一、效能的原则，精简政府机构，严格控制编制规模，将职能交叉重叠、管理分散、设置过细的机构进行整合调整，推动职能相同或相近、联系紧密的政府工作部门合署办公。要合理下放权力，县区级政府应该根据工作需要，将经济、社会、文化、环保等方面的部分权力依照相关法律法规下放给乡镇政府或街道，建立"一级政府、两级管理、三级服务"的扁平化管理模式。要强化乡镇政府人事管理权，对上级部门派驻到乡镇工作的机构，按照属地管理原则，实行以乡镇政府管理为主的管理模式，人、财、物由乡镇政府统一规划和安排。要增强地方政府的社会服务功能，建立和完善城乡一体化的管理体系，统筹考虑本地区城乡基础设施建设、基本医疗、社会保障、保障性住房、公共卫生、基础教育、社会救助等公共服务。要按照决策权、执行权、监督权既相互制约又相互协调的要求，合理划分行政决策权、执行权和监督权的界限，在政府内部建立起决策、执行、监督相对分离的扁平式的契约组织架构。二要制定和完善地方各级政府工作部门的权力清单制度和责任清单制度。目前各地在推行权力清单制度和责任清单制度的过程中还存在不少问题，如确定权力清单和责任

① 吴泽群：《多措并举促进社会组织参与社会治理》，中国共产党新闻网，http：//theory.people. com. cn/ n1/2016/0728/c40531-28591262. html。

② 相关新闻参见《河北整改霸州乱收费乱罚款乱摊派问题 多名责任人受到严肃问责处理》，中央纪委国家监委网站，https：//www. ccdi. gov. cn/yaowenn/202203/t20220326_ 180442. html。

清单缺乏统一的标准、梳理时缺乏统一的口径。另外，政府重视程度不够，形式主义较为严重，有的地方政府门户网站公布的权力清单和责任清单不够清晰；有的地方政府公布的权力清单和责任清单仅仅是几个名词解释和法律依据，而没有其他实质性内容和追责条款；有的地方政府故意将应该纳入权力清单和责任清单范围的事项排除在外，等等。为了更好地推进权力清单制度和责任清单制度的实施，需要采取必要的改进措施，进一步规范地方政府的权力运行。首先，为避免各地方政府在清单制度编制过程中的随意性，国务院应该在充分调查论证的基础上制定一个统一规范的全国通用的权力清单和责任清单编制标准，大致厘清政府不同层级之间、不同部门之间以及政府与市场之间、政府与社会之间的权力边界，理顺政府各部门的职责，编制标准可以包含规定标准和自选标准两个方面，地方政府在自选标准方面可以根据地方特色和实际需要制定地方性标准。其次，地方政府要求下级政府部门按照编制标准对本部门的行政权力事项细致地进行梳理，拟定权力清单和责任清单报上级政府部门批准，权力清单应该明确行政权力的名称、编码、实施主体、实施对象、承办机构、法律依据、办理时限、办理程序、廉政风险点、收费标准和依据、监督投诉途径等事项，责任清单应该明确责任事项及其法律依据、追责情形及其法律依据等。再次，地方各级政府对下级部门拟定的权力清单和责任清单要严格地按照一定的工作程序和统一的权力清单和责任清单编制标准，依法逐条逐项进行合法性、合理性和必要性审查。需修改法律法规的要先修法再调整行政职权，先立后破，有序推进。在审查过程中，要广泛听取基层政府工作人员、专家学者和社会公众的意见。审查结果按规定程序由同级党委和政府确认。另外，要建立信息化的权力清单运行监测平台，将行政权力事项、运行过程和结果全部实时地向社会公开，实现行政权力规范透明高效运行。同时，要建立和完善权力清单制度和责任清单制度的配套机制，如政府回应机制、公务人员的考核评价机制、行政过错责任追究机制等。总之，建立和完善权力清单制度和责任清单制度是一项复杂的系统性工程，涉及法律体系、行政管理体制的方方面面，需要将其置于深化党和国家机构改革的整体规划中有序推进。

第五节 创新政府治理方式，提升政府治理能力

随着社会转型加速和新型城镇化的推进，新旧矛盾交织，不平衡、不稳定、不协调的问题增多，政府治理的难度加大，再加上现代信息技术给政府治理带来的广泛而深刻的影响，传统的政府治理方式越来越不适应新的发展形势，需要通过深化改革不断创新政府治理方式。按照现代政府治理的新理念，为满足公众多样化的社会需求，最大限度地保护公民或法人的合法权益，有效实现公共治理的目标，政府角色应该由原来的管理者角色向服务者角色转变，政府治理方式应该向多元共治转变，由单一的刚性化管理向柔性化治理转变。

多元共治就是指政府、企事业单位、社会组织、社区以及公民个人等多种主体，通过平等对话、沟通协商、相互合作等方式，依法共同参与社会治理，打造共建共治共享的社会治理格局。它改变了原来由政府单独提供公共产品和公共服务的局面，实质上就是政府利用市场和社会力量提高公共管理水平及公共服务质量。在新型城镇化建设过程中，单靠政府提供公共产品和公共服务已经无法满足人民群众日益增长的美好生活需要。更何况，一些地方财政比较困难，无论是基础设施建设，还是医疗、教育、交通等公共配套服务以及进城农民、失地农民的社会保障基金，都需要大量资金的支持，而地方政府的有限财力根本无法解决这些问题。因此，要积极引导社会资本参与新型城镇化建设。目前，有的地方政府编制《民间资本进入城镇化重点项目引导目录》，明确合作方式、回报预期和运营模式；根据《基础设施和公用事业特许经营管理办法》制定实施了符合当地条件与要求的基础设施管理办法，创新投融资模式；设立城市发展基金，引入金融机构和战略投资者。这些都是很好的促进政府与社会合作的方法，值得学习借鉴。各地方政府应该根据本地实际情况制定切实可行的办法，引导和支持社会资本参与新型城镇化建设，将更多的社会资本投入城乡基础设施建设、公共服务领域。另外，在提供公共产品和公共服务的过程中，要充分发挥村（居）委会的

群众自治性组织作用，引导社区群众依法参与社区事务。例如，环境问题在农村比较突出，需要建立一个环境治理的长效机制，而公民与政府合作进行共同生产不失为一个有效途径。"公民和公民团体不仅作为政府服务的接受者，他们有时也与政府联合起来共同生产或合作生产，提供公共服务。"①在农村环境污染治理中，地方政府为了充分调动公民和公民团体的积极性和主动性，可以大力推行"户分类、村收集、乡镇转运、县处理"的城乡生活垃圾一体化处理模式，让更多村民参与到农村环境保护工作中来。还可以让民间组织协助监管农村环境综合整治项目，向政府部门及时提供环境信息，为农村生产生活垃圾的处理、化肥农药的使用、乡村保洁员的培训等公共服务提供技术指导与人员支持。这种公民与政府合作进行共同生产的方法既有利于全面改善农民的居住环境和生产生活条件，又能够顺利实现政府的环境治理目标。

　　所谓柔性化治理就是公共组织为实现公共目标，维护公共利益而采取的人性化治理。究其本质，柔性化治理是一种"以人为中心"的治理方式。它提倡运用调解和协商的方式处理和解决社会矛盾；提倡在提高执法透明度的基础上，改变传统的以行政处罚、行政强制为主的执法方式，多探索和尝试运用行政指导、行政契约等柔性执法方式。柔性治理的最大特点在于，它不是依靠自上而下的行政强制性手段，而是依靠自主、平等、民主等理念，从内心激发相对人的主动守法意识，以寻求相对人对于公共治理的信任、配合、参与。②事实证明，柔性化治理能够顺利地将公共治理的目标转变为民众的自觉意识和行动，具有内在驱动性；能够把外在的政府规定转变为民众内心的承诺，具有影响的持久性；能够满足民众被尊重的高层次需求，具有激励的有效性。与强制性措施相比，柔性化治理更有利于促进社会认同，减少社会分歧和冲突。因为在现实公共治理语境下，强制性的治理方式，本身就内置了太多不确定因素。首先，其通常要以行政力量背书，带有很强的

---

① 陈振明：《公共政策分析》，中国人民大学出版社，2008，第 292 页。

② 傅达林：《烟花禁放与柔性治理》，《检察日报》2013 年 02 月 20 日，第 3 版。

"运动"和"人治"色彩，从而很难持续，一旦主推者挪位，治理行动"烂尾"的概率很高；其次，行政强制的做法意味着很难形成内生的新秩序，所以反弹的可能性更大。① 而柔性化治理强调治理主体的多元性和治理手段的协商性、互动性，强调治理过程中的人文主义关怀和法治精神。它虽然弱化了政府的强制力，却在结果上增强了政府的权威与治理效果，提高了政府公信力。从实践上看，一些地方运用柔性化治理方式处理社会矛盾和进行执法都取得了良好的社会效果。因此，新型城镇化要体现以人为核心，就必须提倡柔性化治理方式。

再者，要充分运用现代信息技术创新政府服务方式，提高政府工作效能。互联网、大数据、云计算、人工智能等现代信息技术的发展为降低行政成本、简化行政程序、提高政府透明度、优化决策机制、提高行政效率、加快政府职能转变提供了可能。近年来，越来越多的地方政府运用现代信息技术改进政务服务，使政府的管理水平和治理能力有了较大提升。但地方政府运用现代信息技术改进政府治理方式的过程中也存在一些问题。比如目前政务服务"一网通办""只进一扇门""最多跑一次"等改革仍是局部区域和部分领域的探索实践，不少地区、部门、领域仍大量存在困扰企业和群众的"办证多、办事难"等现象，与构建方便快捷、公平普惠、优质高效的网上政务服务体系目标相比仍有较大差距。政府政务信息不注重用户体验，缺少服务意识。由于"条""块"分割的体制架构的原因，政府政务信息"全域共享"的目标尚未实现。所以，地方政府要按照中央"以信息化推进国家治理体系和治理能力现代化"的要求，继续深化"放管服"改革，进一步推进"互联网+政务服务"，推动企业和群众办事线上"一网通办"（一网），线下"只进一扇门"（一门），现场办理"最多跑一次"（一次），让企业和群众到政府办事像"网购"一样方便。当前，尤其要推进"只进一扇门""一网通办""最多跑一次"向基层延伸。至于如何向基层延伸？可参考一些试点地区的成功做法。一是面向基层全面推进"一门式"行政服

---

① 朱昌俊：《社会管理需要追求更多柔性》，《中国青年报》2016 年 04 月 07 日，第 2 版。

务建设。首先按照一定的标准在镇（街）设立服务中心，在村（社区）设立公共服务站，从县区、镇街到村（居）每一级建立实体办事大厅。然后成立统一的公共服务综合管理平台，涉及民政、征地、拆迁、环保、教育、公安、社保等方面的基本公共服务事项，民众在镇（街）公共服务中心或村（社区）公共服务站就可以办理。与此同时，建设"一门式"政务服务监督系统，与"一门式"系统进行对接，形成"一门式受理，一门式监控、一门式考核测评"的"一门式"投诉监督体系。二是向企业和群众提供高效便捷的"一网通办、终端办理、指尖服务"。政府通过本地区的政务服务一体化平台对企业和群众申办的所有业务实行统一受理、协同审批，企业和群众可以随时在网上进行在线预约、在线咨询、在线查询、在线预审、在线缴费、在线打印等。在农村，有的乡镇还建立覆盖所有村委会的"一门通"平台。村民可以通过"一门通"平台查看村集体关于日常管理服务、大额资产购建、工程项目的招投标、建设施工、质量验收、各项农业补贴资金发放、各种支农和扶贫资金使用、农村社会救助资金申请和发放等各类信息，还可以就村居管理中存在的问题进行民意表达，参与村务管理和基层治理。三是推动实现"最多跑一次"县乡村全覆盖。县乡村各级政务服务中心（站）设立了社会事务一窗受理综合窗口，实施"前台综合受理、后台分类审批、统一窗口出件"工作模式，简化优化办事流程，推动政务服务事项"一次办"，甚至"零跑动"。以上这些做法为地方政府进行政府服务方式的创新提供了经验借鉴，各地方政府应该在学习借鉴试点地区成功经验的基础上，根据本地实际情况，不断创新公共服务供给模式，提高政府公共服务能力，着力解决联系服务群众"最后一公里"问题，进一步提升人民群众对地方政府的信任度和满意度。

结　语

本研究将理论分析与实证研究相结合，采用了文献分析法、问卷调查法、结构式访谈法、统计分析法、相关分析、多学科研究法等多种研究方法，首先探讨地方政府公信力的内涵和理论基础，然后在理论的指导下实证分析了新型城镇化背景下的地方政府公信力现状，考察了新型城镇化背景下地方政府公信力的主要影响因素，并探讨了新型城镇化背景下提升我国地方政府公信力的有效路径。通过总结，本研究得出如下结论。

（1）地方政府公信力是指地方各级行政机关在人民群众中的影响力、号召力和权威性，是其通过公共政策和行政管理行为获取公众信任的能力。政府公信力的高低反映了人民对政府的信任程度，影响政府在人民心目中的形象和影响力，同时会对政府自身行政效率产生直接影响。它事关政府的合法性与整个社会的诚信和道德建设，也事关新型城镇化建设和乡村振兴战略的大局。党的十八大以来，中央高压反腐给地方政治生态带来了积极变化，地方政府公信力呈现不断提高的趋势。在调查中我们发现，绝大部分民众认为中央高压反腐以来，地方政府人员的工作质量、服务水平、清廉程度较之以前发生了积极变化，并且有相当一部分民众认为中央反腐效果很明显，某些不良的政府作风得到有效遏制。但相对于中央政府公信力来讲，地方政府公信力仍有待提高。从最近的媒体报道和公开曝光的典型案例来看，一些地方政府及其官员仍然存在不同程度的失信现象。这些都说明反腐败斗争形势依然复杂严峻，推进政府公信力建设任务依然艰巨。

（2）新型城镇化对提升地方政府公信力有积极有利的一面，也有消极不利的一面。因为新型城镇化能够促使地方政府改善公共服务，提高政府绩效，给普通民众带来政治、经济上的实惠，有利于提升政府公信力；但同时，新型城镇化也可能使地方政府在农村土地流转、城市棚户区拆迁、农村公共品供给和农村环境污染治理等领域与民众引发新的矛盾冲突，如果处理不当，则可能导致政府公信力受损。

（3）对新型城镇化背景下的地方政府公信力进行理论分析既要借鉴西方的理论，又要植根于当代中国国情，使之真正能够适应中国政治体制改革的需要，为政府的现代转型、民主政治的发展、新型城镇化建设和地方政府公信力建设提供理论指导。

（4）从主观和客观相结合的角度分析地方政府公信力的影响因素，发现公民的政治认知、公民在新型城镇化过程中的诉求满足状况、公共政策与政府行为都会影响到公众对新型城镇化背景下地方政府公信力的评价。并且实证研究的结果也证实了前文的研究假设。如果公民对新型城镇化、地方政府机关基本职能和公民自身权利与义务有正确的认知，就会对地方政府公信力有积极的评价；反之，就会对地方政府公信力有消极的评价或评价不真实可靠。如果地方政府能够依法保障公民正当权益和满足其基本诉求，公众就会对地方政府公信力有积极的评价；反之，公众就会对地方政府公信力有消极的评价。如果地方政府贯彻落实中央政策、充分保障政府决策过程中的公民参与、保持地方政策的连续性和稳定性、提高政务信息公开程度，公众对地方政府公信力的信任度就高。反之，公众对地方政府公信力的信任度就低。如果地方政府在实施具体行政行为时能够依法进行，做到公平公正公开，讲求行政效率，重视和倾听民意，对民众的疑问及时做出回应，兑现政府承诺，保持政府的清正廉洁，公众对地方政府公信力的信任度就高。反之，公众对地方政府公信力的信任度就低。

（5）公民的政治认知能力随着背景变量的变化而发生变化，也就是说，公民的性别、年龄、职业、文化程度、政治面貌、居住地区不同会影响其政治认知。实证研究的结果也与前文的研究假设基本一致。受访者中，男性公民比女性公民的政治认知程度要高；中共党员和民主党派人士的政治知识相对丰富一些；对政府权利与义务的认知相对明晰；公务员、村（城市社区）

干部和离退休人员对自身权利义务的了解程度和地方政府职责角色的了解程度相对高一些；学历高的受访者政治认知水平和能力也相对高一些；居住在城市的受访者较之居住在农村和城乡接合部的受访者对自身权利义务及地方政府角色认知程度要高。但不同年龄的受访者对自己在农村土地征收、城市棚户区改造、公共品供给、环境污染治理中所享有的权利和应履行的义务的了解程度，以及地方政府在农村土地征收、城市棚户区拆迁、公共品供给、环境污染治理中的角色及承担责任的了解程度有一定的差异，但差别不太大，与研究假设稍有些偏颇。总体上来讲，受访者的政治认知水平和能力与其文化程度、政府管理经验、政治参与经验、维权的经历等都有关系。

（6）根据本书的调查，农村土地征收中农民最关心的问题是"征地补偿"和"征地后的安置"问题。农民最希望得到的补偿形式是"提供一次性土地补偿金""提供就业安置"和"提供与城市人一样的社会保障"。在棚户区改造过程中公民最关心的问题是"拆迁补偿标准"和"拆迁后的安置"问题。在实践中，一些地方的土地补偿金和拆迁补偿金往往没有及时发放到位，甚至被克扣截流。至于就业安置，基本上很少得到解决。在社会保障方面，在市郊地区，一般通过预交部分资金的方式得到一定程度的解决；但在大部分农村地区，被征地农民仍然无法享受与城市居民一样的社会保障待遇。民众最关心的问题和最希望得到的补偿形式直接反映了公民最基本的权利诉求，如果农民的这些权利诉求能够得到合理满足，适当提高征地补偿标准，地方政府能够按照国家法律政策足额发放土地补偿金和拆迁补偿金，能让被征地农民享受与城市居民一样的社会保障待遇，就必然有助于提高地方政府公信力。

（7）提供公共品和公共服务、加大对环境保护的力度是政府的主要职责。但相当一部分民众认为地方政府在公共品供给和公共服务提供方面、在环境保护和环境污染治理方面没有充分发挥应有的作用，对地方政府不满意、不信任。这也反映了一些地方政府在公共品供给和公共服务提供方面、在环境保护和污染治理方面工作不力，与民众期待存在较大差距。

地方政府只有不断增强公共产品和公共服务供给能力，加大环境保护和污染治理的力度，才能更好地满足人民群众日益增长的美好生活需要，从而提升地方政府公信力。

（8）地方政府制定的每一项政策和实施的每一个具体行政行为，都可能会给公民权益带来较大的影响。在新型城镇化建设过程中，地方政府的随意决策、政策缺乏连续性和稳定性、政务信息不公开不透明、不重视政府回应以及部分官员的腐败行为、弄虚作假、不讲诚信、违法行政、办事拖沓等行为都会严重影响政府形象和公信力。因此，必须严格约束地方政府及其工作人员的行为，使地方政府制定的每一项政策和实施的每一个具体行政行为都符合合法性原则和合理性原则。

（9）提升地方政府公信力的关键是建设一个管理公开透明、责权明确、执行有据、运作规范的现代政府。根据对地方政府公信力影响因素的分析，并结合国内外加强政府公信力建设的有益经验，课题组认为应该着重从转变思想观念、强化制度约束、优化政府机构设置、提高公共决策质量、创新政府治理方式等几个方面入手，综合施策，提升地方政府公信力。在思想观念方面，着重培养民众的现代公民意识，提高民众的政治认知水平，培养民众的权利意识、规则意识和民主精神，增强民众的社会责任感和自治能力；对地方政府及其工作人员应该强化全心全意为人民服务的宗旨意识，使其恪守执政为民的理念，具有"为民役"的自觉。在制度建设方面，重点完善政府信息公开制度、党政"一把手"的监督制度和行政问责制度。在公共政策方面，扩大公民有序政治参与，提高公共决策的科学化民主化水平。在政府机构改革方面，深化党和国家机构改革，按照精简、统一、效能的原则，优化政府机构设置和职能配置，切实转变政府职能。在政府治理方式方面，通过深化改革，实现政府治理方式向多元共治转变、由单一的刚性化管理向柔性化治理转变；同时，充分运用现代信息技术创新政府服务方式，不断提高政府工作效能。

参考文献

一　专著

1. 〔美〕戴维·奥斯本、特德·盖布勒:《改革政府:企业家精神如何改革着公共部门》,周敦仁等译,上海译文出版社,2006。

2. 董克用:《构建公共服务型政府》,中国人民大学出版社,2007。

3. 范柏乃、张鸣:《政府信用与绩效》,知识产权出版社,2012。

4. 方雷:《地方行政能力研究》,山东大学出版社,2010。

5. 风笑天:《现代社会调查方法》(第四版),华中科技大学出版社,2009。

6. 〔美〕弗朗西斯·福山:《信任:社会美德与创造经济繁荣》,彭志华译,海南出版社,2001。

7. 傅思明、钱刚主编《诚信政府与领导干部公信力提升》,东方出版社,2013。

8. 高小平:《政府管理与服务方式创新》,国家行政学院出版社,2008。

9. 何显明:《信用政府的逻辑:转型期地方政府缺失现象的制度分析》,学林出版社,2007。

10. 季燕霞:《政府公信力的生成逻辑:基于当代中国回应型政治运行实践的研究》,人民出版社,2015。

11. 〔美〕加布里埃尔·A.阿尔蒙德、西德尼·维马:《公民文化:五个国家的政治态度和民主制》,徐湘林等译,东方出版社,2008。

12. 刘峰、孙晓莉主编《中国行政体制改革理论与实践》,国家行政学院出版社,2012。

13. 刘莘：《诚信政府研究》，北京大学出版社，2007。

14. 〔法〕卢梭：《社会契约论》，何兆武译，商务印书馆，2003。

15. 〔英〕罗伯特·D.帕特南：《使民主运转起来：现代意大利的公民传统》，王列、赖海榕译，江西人民出版社，2009。

16. 《马克思恩格斯全集》第1卷，人民出版社，1997。

17. 〔澳〕欧文·E.休斯：《公共管理导论》（第四版），张成福、马子博等译，中国人民大学出版社，2007。

18. 沈荣华：《地方政府改革与深化行政管理体制改革研究》，经济科学出版社，2013。

19. 〔美〕特里·L.库珀：《行政伦理学：实现行政责任的途径》（第五版），张秀琴译，音正权校，中国人民大学出版社，2010。

20. 《习近平谈治国理政》（第二卷），外文出版社，2017。

21. 《习近平谈治国理政》，外文出版社，2014。

22. 谢治菊：《农民政府信任的实证调查与逻辑建构》，人民出版社，2015。

23. 徐焕主编《服务政府》，中央编译出版社，2013。

24. 杨畅：《当代中国政府公信力提升研究：基于政府绩效评估战略》，中国社会科学出版社，2015。

25. 杨军：《网络环境下政府公信力提升研究》，中国经济出版社，2016。

26. 尹保红：《政府信任危机研究》，国家行政学院出版社，2014。

27. 〔美〕约翰·克莱顿·托马斯：《公共决策中的公民参与》，孙柏瑛等译，孙柏瑛统校，中国人民大学出版社，2010。

28. 〔美〕詹姆斯·M.布坎南：《自由、市场与国家——80年代的政治经济学》，平新桥、莫扶民译，上海三联书店，1989。

29. 〔美〕珍妮特·V.登哈特、罗伯特·B.登哈特：《新公共服务：服务而不是掌舵》，丁煌译，方兴、丁煌校，中国人民大学出版社，2010。

30. Alberto Alesina and Romain Wacziarg, "The Economies of Civic Trust", in Susan J. Pharr and Robert D. Putnam (eds.), *Disaffected Democracies：What's Troubling the Trilateral Countries?*, Princeton：Princeton University

Press，2000.

31. Christian Kroll，*Social Capital and the Happiness of Nations*：*the Importance of Trust and Networks for Life Satisfaction in a Cross-national Perspective*，New York：Peter Lang，2008.

32. Dario Gaggio，*In Gold We Trust*：*Social Capital and Economic Change in the Italian Jewelry Towns*，Princeton：Princeton University Press，2007.

33. H. George Frederickson，*The Spirit of Public Administration*，San Francisco：Jossey-Bass，1996.

34. Ilan Oshri，Julia Kotlarsky and Leslie P. Willcocks（eds.），*Outsourcing Global Services*：*Knowledge，Innovation and Social Capital*，London：Palgrave Macmillan，2008.

35. Joseph S. Nye，"lntroduction：The Decline of Confidence in Govemment"，in Joseph S. Nye，Philip D. Zelikow and David C. King（eds.），*Why People Don't Tnust Government*，Cambridge，M. A.：Harvard Univerity Press，1997.

二 论文

1. 车栋：《新媒体语境下如何提升基层政府公信力》，《人民论坛》2019 年第 5 期。

2. 褚松燕：《互联网时代的政府公信力建设》，《国家行政学院学报》2011年第 5 期。

3. 褚松燕：《再论互联网时代的政府公信力建设》，《上海行政学院学报》2018 年第 1 期。

4. 高卫星：《试论地方政府公信力的流失与重塑》，《中国行政管理》2005年第 7 期。

5. 龚培兴、陈洪生：《政府公信力：理念、行为与效率的研究视角——以"非典型性肺炎"防治为例》，《中共中央党校学报》2003 年第 3 期。

6. 郝玲玲：《试论现代政府公信力的理论基础与存在前提》，《东北师大学报》（哲学社会科学版）2013 年第 2 期。

7. 何显明：《地方政府公信力与政府运作成本相关性的制度分析》，《国家行政学院学报》2002 年第 1 期。

8. 胡荣：《农民上访与政治信任的流失》，《社会学研究》2007 年第 3 期。

9. 李艳霞：《何种治理能够提升政治信任？——以当代中国公众为样本的实证分析》，《中国行政管理》2015 年第 7 期。

10. 李志强：《政府公信力与地方政府能力建设研究》，《四川行政学院学报》2009 年第 5 期。

11. 刘光军：《政府职能界定与政府职能转变》，《河南社会科学》2007 年第 5 期。

12. 刘建华：《网络舆情视角下地方政府公信力的政治考量》，《理论导刊》2012 年第 8 期。

13. 刘雪华：《谈我国政府公信力提升与政府职能转变》，《东北师大学报》（哲学社会科学版）2011 年第 5 期。

14. 吕耀怀、曹志：《政府公信力的内在根基与外部制约》，《伦理学研究》2015 年第 5 期。

15. 吕稚知：《如何提高政府公信力》，《经济导刊》2011 年第 2 期。

16. 马得勇、孙梦欣：《新媒体时代政府公信力的决定因素——透明性、回应性抑或公关技巧？》，《公共管理学报》2014 年第 1 期。

17. 单晓辉：《论社会转型时期政府公信力提升》，《人民论坛》2014 年第 34 期。

18. 沈海军：《WTO 规则下发展中国家政府信用重建的比较研究》，《江汉论坛》2003 年第 9 期。

19. 沈海军：《关于政府转型若干问题的思考》，《学术界》2013 年第 8 期。

20. 沈海军：《政府契约治理的核心要素与实现机制》，《学术研究》2013 年第 8 期。

21. 沈海军：《政府信用概念辨析》，《理论学刊》2003 年第 2 期。

22. 沈海军：《政府信用在社会主义现代化中的作用》，《社会主义研究》

2003 年第 1 期。

23. 时伟：《论政府公信力的基本内涵、弱化表现与提升路径》，《领导科学》2012 年第 22 期。

24. 舒小庆：《政府公信力：价值、指标体系及其实现途径——兼论我国诚信政府建设》，《南昌大学学报》（人文社会科学版）2008 年第 6 期。

25. 唐铁汉：《提高政府公信力，建设信用政府》，《中国行政管理》2005 年第 3 期。

26. 陶振：《试论政府公信力的生成基础》，《学术交流》2012 年第 2 期。

27. 王国红、马瑞：《地方政府公信力的流失与重塑——多元协同治理的视角》，《湖南师范大学社会科学学报》2013 年第 2 期。

28. 王勇：《政府公信力建设面临的挑战和对策》，《科学社会主义》2012 年第 6 期。

29. 吴威威：《良好的公信力：责任政府的必然追求》，《兰州学刊》2003 年第 6 期。

30. 徐晓波：《公共政策及其对于提升政府公信力的意义》，《湖北社会科学》2011 年第 11 期。

31. 杨畅：《当代中国政府公信力评估指标体系构建探析》，《中国行政管理》2013 年第 12 期。

32. 杨静娴：《公共危机治理中政府公信力的缺失与重塑》，《郑州大学学报》（哲学社会科学版）2011 年第 5 期。

33. 杨军：《政府公信力提升视角下的新媒体角色探究》，《电子政务》2015 年第 7 期。

34. 杨运秀：《论政府公信力的价值及其实现途径》，《江汉论坛》2011 年第 5 期。

35. 姚亮、彭红波：《提高政府公信力与群体性事件之消除》，《中国党政干部论坛》2009 年第 9 期。

36. 张华：《公众参与公共决策与地方政府公信力提升》，《领导科学》2013 年第 122 期。

37. 张欧阳：《政府回应：政府公信力产生机制的"供给侧"》，《江汉论坛》2017 年第 4 期。

38. 张旭霞：《试论政府公信力的提升途径》，《南京社会科学》2006 年第 7 期。

39. 张旭霞：《试论政府公信力和公众的话语权》，《中国行政管理》2006 年第 9 期。

40. 张子建：《浅谈增强政府公信力》，《理论导刊》2007 年第 2 期。

41. 赵清文：《公共危机管理理念下的政府公信力建设》，《理论月刊》2013 年第 12 期。

42. 周雪光：《基层政府间的"共谋现象"——一个政府行为的制度逻辑》，《社会学研究》2008 年第 6 期。

43. 朱光磊、周望：《在转变政府职能的过程中提高政府公信力》，《中国人民大学学报》2011 年第 3 期。

44. 朱卫卿：《地方政府公信力的现实困境及其机制重建》，《云南行政学院学报》2014 年第 3 期。

45. 祝小宁、白秀银：《政府公信力的信息互动选择机理探究》，《中国行政管理》2008 年第 8 期。

三　学位论文

1. 陈荟如：《我国地方政府公信力评价指标体系的构建及应用研究》，硕士学位论文，苏州大学，2010。

2. 陈瑶：《公共治理视角下的地方政府公信力研究》，硕士学位论文，西北大学，2012。

3. 程佳琳：《新形势下我国政府公信力研究》，硕士学位论文，大连理工大学，2005。

4. 冯艳泽：《提高我国政府公信力路径探析》，硕士学位论文，首都师范大学，2013。

5. 郭芳芳：《新媒体视角下我国政府公信力提升研究》，硕士学位论文，电子科技大学，2018。

6. 韩贤良：《现阶段我国地方政府公信力研究》，硕士学位论文，内蒙古大学，2009。

7. 郝玲玲：《政府公信力若干问题研究》，博士学位论文，吉林大学，2010。

8. 胡洋：《基于治理理论的地方政府公信力研究》，硕士学位论文，内蒙古大学，2011。

9. 雷水秀：《政府公信力弱化的对策研究》，硕士学位论文，南昌大学，2008。

10. 李宗方：《论地方政府公信力的提升——基于郴州市提升政府公信力的案例研究》，硕士学位论文，湘潭大学，2010。

11. 林如婷：《我国民主政治建设中政府公信力提升路径分析》，硕士学位论文，福建师范大学，2009。

12. 卢俊：《新媒体环境下地方政府公信力的建设与提升研究》，硕士学位论文，云南大学，2016。

13. 吕培亮：《网络舆情环境下地方政府公信力建设研究——以"平度事件"为例》，硕士学位论文，华中师范大学，2015。

14. 逄碧莹：《政府回应网络舆情问题研究》，硕士学位论文，郑州大学，2017。

15. 齐丽娜：《浅析我国地方政府公信力弱化的根源及对策》，硕士学位论文，吉林大学，2007。

16. 王冰：《我国地方政府公信力建设研究》，硕士学位论文，郑州大学，2007。

17. 王宁：《地方政府公信力研究》，硕士学位论文，重庆大学，2013。

18. 王燕玲：《网络舆情与基层政府公信力提升的研究》，硕士学位论文，南京工业大学，2016。

19. 夏芳：《我国政府公信力研究》，硕士学位论文，燕山大学，2009。

20. 尹梦宇：《我国地方政府公信力研究》，硕士学位论文，郑州大学，2012。

21. 张楚舒：《基于我国政府信息公开的政府公信力影响因素研究》，硕士学位论文，华中师范大学，2016。

22. 张国辉：《公务员政治素养研究》，博士学位论文，东北师范大学，2012。

23. 张俊东：《地方政府公信力评估问题研究》，硕士学位论文，华中科技大学，2004。

24. 赵君：《当代中国地方政府公信力研究》，硕士学位论文，天津师范大学，2008。

25. 仲维：《公众参与地方政府绩效评估问题研究——以江苏南京"万人评议政府"为例》，硕士学位论文，广西师范大学，2014。

26. 邹渊博：《地方服务型政府建设研究——以南京市为例》，硕士学位论文，浙江师范大学，2011。

附录 调查问卷

问卷编号□□□□□

新型城镇化背景下地方政府公信力的调查问卷

尊敬的女士/先生：

您好！

为全面了解新型城镇化背景下我国地方政府公信力的现状，为政府相关决策提供参考依据，我们正在进行一项地方政府公信力状况的调查。本调查答案没有对错、好坏、高低之分，不会对您本人产生任何不良影响，目的在于通过本次调查了解您对相关问题的真实想法，以便得出真实可靠的统计分析数据，帮助改进地方政府的工作。本次调查采用匿名形式，我们将严格保密您的信息，您可以放心作答。

非常感谢您对我们此次活动的支持和合作！

国家社会科学基金项目调查小组

年　　月

[问卷处理记录]

一审	二审	复核	输入

第一部分：基本情况

1. 您的性别：

　　A. 男　　B. 女

2. 您的年龄：

　　1. 35 岁及以下　B. 36~45 岁　C. 46~55 岁　D. 56 岁及以上

3. 您的政治面貌是：

　　A. 中共党员　B. 民主党派　C. 共青团员　D. 一般群众

4. 您受教育的程度是：

　　A. 研究生及以上　B. 大学（大专）　C. 高中（中专）　D. 初中及以下

5. 您的身份是：

　　A. 工人　B. 农民　C. 企事业单位管理人员　D. 公务员　E. 专业技术人员

　　F. 村（城市社区）干部　G. 离退休人员　H. 无职业　I. 其他（请注明）_____

6. 您的居住地是：

　　A. 城市　B. 农村　C. 城乡接合部

第二部分：公民对新型城镇化、地方政府机关基本职能和公民自身权利与义务的认知

7. 您对中央推进新型城镇化建设的看法是：

　　A. 非常必要　B. 有必要　C. 无所谓　D. 没有必要

8. 您认为推进新型城镇化建设的地方政府应该在哪些方面发挥积极作用（可多选）：

　　A. 环境保护和污染治理　B. 食品监管　C. 促进本地经济发展

　　D. 化解干群矛盾和纠纷　E. 改善群众住房条件　F. 公共设施建设

　　G. 丰富群众的文化生活　H. 维护社会治安　I. 保证公共交通的畅通

　　J. 惩罚违法犯罪行为　K. 为群众提供购物、就医、上学的便利

9. 您对地方政府机关基本职能和管理职责的了解程度是：

    A. 非常了解　B. 比较了解　C. 部分了解　D. 不了解

10. 您对地方政府在农村土地征收、城市棚户区拆迁、公共品供给、环境污染治理中的角色及承担责任的了解程度是：

    A. 非常了解　B. 比较了解　C. 部分了解　D. 不了解

11. 您对自己在农村土地征收、城市棚户区拆迁、公共品供给、环境污染治理中所享有的权利和应履行的义务的了解程度是：

    A. 非常熟悉　B. 基本了解　C. 只了解权利，不了解义务

    D. 了解部分权利和义务　E. 不了解

第三部分：公民在新型城镇化过程中的基本诉求及其满足状况

12. 您最关心当地政府在新型城镇化过程中征地的哪些问题：

    A. 征地补偿　B. 征地后的安置　C. 被征地者的维权渠道　D. 征地的合法性

13. 若您的土地被征收，您想得到何种形式的补偿：

    A. 提供一次性土地补偿金　B. 提供就业安置　C. 提供就业技能培训

    D. 提供小额优惠贷款　E. 提供致富方面信息　F. 提供与城市人一样的社会保障　G. 其他

14. 在棚户区改造过程中您最关心的问题是：

    A. 搬迁补偿标准　B. 拆迁后的安置　C. 棚户区的改造目标和配套设施建设

    D. 被拆迁者的维权渠道　E. 拆迁合法性

15. 您对现有的国家征地补偿标准是否满意？

    A. 很满意　B. 比较满意　C. 不太满意　D. 不满意　E. 不知道

16. 您认为地方政府在发放土地补偿金时有没有按照国家法律政策足额发放？

    A. 肯定有　B. 可能有　C. 没有　D. 不知道

17. 您认为地方政府在发放拆迁补偿金时有没有按照国家法律政策足额

发放？

    A. 肯定有　B. 可能有　C. 没有　D. 不知道

18. 您对本地包括供水、供电、供气和其他基础设施在内的公共产品供给的基本状况的评价是：

    A. 很满意　B. 比较满意　C. 一般　D. 不太满意　E. 很不满意

19. 在环境保护和污染治理方面，您对地方政府的看法是：

    A. 很满意　B. 比较满意　C. 一般　D. 不太满意　E. 很不满意

20. 您对地方政府在管理公共事务和提供公共服务过程中做出的承诺满意吗？

    A. 很满意　B. 比较满意　C. 一般　D. 不太满意　E. 很不满意

21. 您对地方政府行政执法的公正性满意吗？

    A. 很满意　B. 比较满意　C. 一般　D. 不太满意　E. 很不满意

22. 您对地方政府政策制定的稳定性、连续性满意吗？

    A. 很满意　B. 比较满意　C. 一般　D. 不太满意　E. 很不满意

23. 对于一些事关群众切身利益的重大决策，地方政府是否会召开听证会、协商议事会等进行民主决策？居民参与度如何？

    A. 一般都会召开，群众也积极参与，发表自己意见　B. 一般会召开，但群众参与热情不高

    C. 从未召开听证会和协商议事会　D. 不了解

24. 您是否被地方政府邀请参加本地重大事情的决策？

    A. 经常被邀请　B. 偶尔被邀请　C. 从未被邀请

25. 如果您被地方政府邀请参加本地重大事情的决策，您愿意去吗？

    A. 非常愿意　B. 愿意　C. 不太愿意　D. 不愿意

26. 如果您的政治参与度不高，那么可能的主要原因是：

    A. 忙于工作、家庭，无暇参与公共事务　B. 与自己利益无关，"事不关己，高高挂起"

    C. 缺乏参与途径和制度保障　D. 感觉自己的政治参与能力不强

    E. 参与也没有实际效用，不能解决实际问题

27. 您对地方政府政务公开的透明性满意吗？

    A. 很满意　B. 比较满意　C. 一般　D. 不太满意　E. 很不满意

28. 据您了解，地方政府是否经常向民众搜集意见或建议，针对这些意见或建议的反馈工作又做得如何？

    A. 非常好　B. 比较好　C. 一般　D. 比较差　E. 非常差　F. 不清楚

29. 您对地方政府对公众需求的回应性满意吗？

    A. 很满意　B. 比较满意　C. 一般　D. 不太满意　E. 很不满意

30. 您对地方政府工作人员在办事效率上的评价是：

    A. 非常好　B. 比较好　　C. 一般　D. 比较差　E. 非常差　F. 不清楚

第四部分：影响地方政府公信力的因素

31. 您认为影响地方政府公信力的主要原因有（可多选）：

    A. 干部的选拔考核制度不科学　B. 对政府官员的权力制约机制不健全

    C. 行政问责机制不完善　D. 政府自身职能定位不合理

    E. 政府机构臃肿，工作率低下　F. 部分政府工作人员能力不足

    G. 政府决策不科学不民主　H. 政府政策缺乏连续性和稳定性

    I. 政府信息不公开不透明　J. 一些地方政府领导干部缺乏民主法制意识

    K. 一些管理制度和法律法规不完善　L. 部分政府官员腐化堕落，败坏政府形象

    M. 其他

32. 现在地方政府一般都利用政务微博、微信等新媒体及时发布各类权威政务信息，您认为当前地方政府的政务微博或微信主要存在哪些问题？（可多选）

    A. 信息发布不及时　B. 基本信息缺乏实质性内容

    C. 与公众缺乏有效的沟通和互动

    D. 舆情引导能力不足　E. 语言不接地气、不够贴近公众

    F. 群众对政务微博、微信的关注度低　G. 无法实现信息共享　H. 其他

33. 您认为如果要提高地方政府公信力，以下哪些方面的工作仍需进一步加

强？（可多选）

A. 地方、部门利益至上，上有政策下有对策，中央反腐的政策措施得不到有效落实

B. 潜规则和面子观念作祟，吃喝就是公务，不吃好喝好就没法做好公务接待

C. "当官做老爷"思想作怪，阻碍了政府机关进一步改进作风

D. 监督力度有待增强，监督渠道有待拓宽

E. 缺乏一些具体细化标准，制度建设需要跟上

F. 推进政府管理创新，转变政府职能

G. 加强组织领导和信息平台建设，健全舆情收集和回应机制

H. 其他＿＿＿＿＿＿＿＿＿＿＿＿＿＿＿＿＿＿＿＿＿（请补充）

第五部分：公民对地方政府公信力的总体评价

34. 中央高压反腐以来，您认为地方政府人员的工作质量、服务水平、清廉程度较之以前发生的变化是：

A. 变化很大，反腐效果很明显　B. 变化大，不良的政府作风有所遏制

C. 有变化但不太大　D. 没有变化　E. 不清楚

35. 您对现在所在地区的地方政府工作人员的工作质量、服务水平、清廉程度的总体评价是：

A. 非常好　B. 比较好　C. 一般　D. 比较差　E. 非常差　F. 不清楚

36. 您对地方政府公信力的总体评价是：

A. 非常信任　B. 信任　C. 基本信任　D. 不信任　E. 非常不信任

后 记

本书是在国家社科基金一般项目"新型城镇化背景下地方政府公信力提升的路径研究"（项目编号：13BZZ042）的资助下完成的。近年来，笔者围绕政府公信力、政府治理等问题开展了大量研究工作，先后完成了多项省部级以上课题的研究工作，撰写研究报告 3 部，发表学术论文 10 余篇。正是在此基础上，笔者对以往研究成果进行了系统的梳理、总结与完善，在参考国内外专家学者大量文献的基础上，建构了新的理论分析框架，并运用新的理论分析框架对新型城镇化背景下地方政府公信力问题进行了尝试性探讨。本专著在研究过程中采取理论分析与实证研究相结合的方法，首先从不同的理论视角探讨地方政府公信力的学理解释，然后，通过结构式访谈、问卷调查、观察研究等方式对农村土地流转、城市棚户区拆迁、农村公共品供给和农村环境污染治理中地方政府公信力的状况进行信息采集，分析其存在的问题和影响因素，找出问题症结，进而探讨新型城镇化背景下地方政府公信力建设的有效路径。这对于提升地方政府治理水平、推进国家治理体系和治理能力现代化、彰显中国特色社会主义制度优势具有十分重要的意义。

本专著在写作过程中，得到了不少同事和学生的鼓励和帮助。汕头大学马克思主义学院研究生魏海南、田甜、岳小垒、麦飞燕、涂申申、杨伟等同学牺牲了节假日和休息时间承担了大量问卷调查和统计工作，汕头大学商学院的郭功星、齐震等老师在问卷设计和定量分析过程中也给予了热心的帮助与支持，在此深表谢意！

另外，本专著的出版得到了汕头大学科研处同事的帮助，在此特向他们表示衷心的感谢。

社会科学文献出版社的领导和责任编辑为本专著的出版给予了大力支持，在此对他们致以诚挚的谢意。

沈海军

2022 年 6 月于汕头大学

图书在版编目(CIP)数据

新型城镇化背景下地方政府公信力提升的路径研究 /
沈海军著.--北京:社会科学文献出版社,2023.4(2024.8重印)
ISBN 978-7-5228-0798-0

Ⅰ.①新… Ⅱ.①沈… Ⅲ.①地方政府-行政管理-
研究-中国 Ⅳ.①D625

中国版本图书馆 CIP 数据核字(2022)第 175453 号

新型城镇化背景下地方政府公信力提升的路径研究

著　　者 / 沈海军

出 版 人 / 冀祥德
组稿编辑 / 祝得彬
责任编辑 / 刘学谦　聂　瑶
责任印制 / 王京美

出　　版 / 社会科学文献出版社·文化传媒分社(010)59367004
　　　　　地址:北京市北三环中路甲 29 号院华龙大厦　邮编:100029
　　　　　网址:www.ssap.com.cn
发　　行 / 社会科学文献出版社(010)59367028
印　　装 / 唐山玺诚印务有限公司

规　　格 / 开本:787mm×1092mm　1/16
　　　　　印 张:12　字 数:185 千字
版　　次 / 2023 年 4 月第 1 版　2024 年 8 月第 2 次印刷
书　　号 / ISBN 978-7-5228-0798-0
定　　价 / 98.00 元

读者服务电话:4008918866